麻红晓 著

现代学徒制
人才培养模式改革研究
——以重庆工业职业技术学院酒店管理专业为例

中国海洋大学出版社

·青岛·

图书在版编目（CIP）数据

现代学徒制人才培养模式改革研究 ： 以重庆工业职业技术学院酒店管理专业为例 / 麻红晓著.— 青岛：中国海洋大学出版社， 2019.2

ISBN 978-7-5670-2141-9

Ⅰ．①现… Ⅱ．①麻… Ⅲ．①高等职业教育－人才培养－培养模式－研究－中国 ② 高等职业教育－饭店－经营管理－人才培养－案例－重庆 Ⅳ．① G718.5 ② F719.2

中国版本图书馆 CIP 数据核字（2019）第 055261 号

出版发行	中国海洋大学出版社			
社　　址	青岛市香港东路 23 号		邮政编码	266071
出 版 人	杨立敏			
策 划 人	王　炬			
网　　址	http://pub.ouc.edu.cn			
电子信箱	tushubianjibu@126.com			
订购电话	021-51085016			
责任编辑	由元春		电　　话	0532-85902495
印　　制	上海万卷印刷股份有限公司			
版　　次	2019 年 7 月第 1 版			
印　　次	2019 年 7 月第 1 次印刷			
成品尺寸	185 mm×260 mm			
印　　张	8.5			
字　　数	144 千			
印　　数	1~1000			
定　　价	38.00 元			

前　言

　　"以工学结合为切入点的人才培养模式改革研究——以重庆工业职业技术学院酒店管理专业为例"于2011年获得重庆市教委教改项目立项（项目编号：113222），并于2014年4月结题。2017年12月，"基于旅游供给侧改革背景下的重庆旅游扶贫实证研究"入选了第五批重庆市高等学校优秀人才支持计划项目。2018年，与重庆北碚悦榕庄、重庆心景酒店、重庆威灵顿酒店及重庆尚高酒店签署有关"酒店业发展前景分析"横向委托课题协议。本书作为上述三个项目的研究成果之一，将为高职专业的人才培养模式改革提供参考意见和建议，进而促进我国高等职业教育人才培养质量的提高，提升我国高等职业教育整体发展水平。此外，研究成果也将为重庆地区、尤其是武陵山区和大巴山区的贫困地区培养急需的旅游（酒店）业高素质人才做出重要贡献，并有力促进当地旅游业的快速发展，带动当地农民脱贫致富。最后，通过分析酒店业发展前景，将为重庆酒店和全国其他区域酒店发展提供一定的帮助。

　　本书共五章。第一章：绪论，包括研究背景和意义、国内外研究综述、研究思路和研究方法、研究理论依据、基本概念界定及创新点；第二章：美国康奈尔大学酒店管理专业人才培养经验借鉴；第三章：重庆工业职业技术学院酒店管理专业现代学徒制人才培养模式改革举措；第四章：重庆工业职业技术学院酒店管理专业现代学徒制人才培养模式改革成效；第五章：重庆工业职业技术学院酒店管理专业现代学徒制人才培养模式改革存在的问题与改进措施。

　　限于作者自身的水平，书中难免有不足之处，望大家指正，以期共同进步。

麻红晓

重庆工业职业技术学院

2018年12月

目 录

第一章 绪论

一、研究背景和意义

（一）研究背景

1. 我国高职教育发展和专业人才培养模式改革背景

（1）我国高职教育发展概述。

20世纪90年代中后期我国政府提出"三改一补"政策，即通过现有的职业大学、部分高等专科学校和独立设置的成人高校改革办学模式，调整培养目标来发展高职。仍不满足时，经批准可利用少数具备条件的重点中等专业学校改制或举办高职班等方式作为补充。1999年，政府进一步把设置高职院校的审批权下放到省，大批中专升格，一批民办高职院校产生。2002年，国务院全国职业教育工作会议明确提出"扩大高等职业教育的规模"。2005年，国务院出台了《国务院关于大力发展职业教育的决定》（国发〔2005〕35号）。2014年，国务院又出台了《国务院关于加快发展现代职业教育的决定》（国发〔2014〕19号）。在国家的大力支持下，高职教育得到快速发展，目前已颇具规模，高职院校数、每年招生数、在校生数在整个高等教育中均占很大的比重。教育部公布的《全国普通高等学校名单》中，2018年全国普通高等学校共2914所，其中本科院校一共有1243所，高职院校1571所，高职院校的数量已经超过了本科院校的数量。

（2）我国高职专业建设和发展中存在的问题。

我国高职教育的质量与高职院校规模的快速扩张相比提高并不快，其中一个很重要的原因是高职教育并没有建立起自己的教育体系，本质上还是沿用本科学科型的教育模式，导致人才培养模式与本科并没有实质性的区别。此外，还存在专业课程与企业需求脱节，企业参与现代学徒人才培养的积极性不高，现代学徒制缺乏规范统一的实施方案、保障措施匮乏等问题。

第一，专业课程与企业需求脱节。在现代学徒制试点实施中，许多高职院校与企业建立了校企合作机制，共同参与学徒人才培养的全过程。传统的专业课程一般由学院专业教师团队研究设置，并根据专业发展的教学要求制订人才培养计划和教学内容。与传统教学不同，现代学徒制要求以企业需求为主导，将专业课程纳入行业考核标准，以企业需求制订人才培养方案和教学计划。但是目前许多高职院校的专业课程还不能够完全与企业的需求相对接，片面地将学徒制作为传统校企合作的方式方法，强调专业理论知识的教学，让学生在校内完成专业课程教学之后，再安排其进入企业实践实习。如此培养出来的学生缺乏一定的专业技能素养，无法快速适应和融入企业的生产需求，达不到企业的预期和岗位标准。

第二，企业参与现代学徒制人才培养的积极性不高。企业以提高人力资源水平、创造生产价值为主要目的。企业在校企合作中更加关注学校是否能够为企业输送大量高技术和高技能人才，有的企业甚至希望学校培养的人才能够满足其"招人即用，来人即用"的需求。现代学徒制提倡校企协同育人，但在现实中校企双方在协同育人的意识形态上很难达成统一，致使企业对现代学徒制人才培养模式理解不深，对课程教学改革情况不了解。并且企业较少关注且无法直接参与试点院校专业定位、课程设置、教学方法和评价考核机制等方面的教学改革，加上人才培养还需要增加企业培训和管理成本的投入，因此合作企业普遍存在参与现代学徒制人才培养积极性不高等问题。

第三，现代学徒制缺乏规范统一的实施方案，保障措施匮乏。现代学徒制需要政府、企业、学校和学徒多方共同参与，尤其需要政府在试点过程中起到主导全局的重要作用。尽管国家层面提出要大力发展现代学徒制试点建设工作，并出台了相应的政策文件鼓励校企双方大力推进学徒制试点人才培养模式改革，但在现实中校企缺乏统一的试点实施方案，缺乏统一的指导意见和规范要求。政府相关部门职责不明确，相关的激励措施和政策协调实施不到位，缺乏明确的财政补助、税收制度等优惠政策的保障措施。经费的缺乏无法满足企业的利益需求，法律和政策保障措施的欠缺也使高职院校在现代学徒制试点建设过程中困难重重。

（3）我国高职专业人才培养模式改革政策背景。

《教育部关于职业院校试行工学结合、半工半读的意见》（教职成〔2006〕4号）提出要进一步深化职业教育教学改革，大力推行工学结合、校企合作的培养模式。《教育部关于全面提高高等职业教育教学的若干意见》（教职成〔2006〕16号）提出要积极推行与生产劳动和社会实践相结合的学习模式，把工学结合作为高等职业教育人才培养模式改革的重要切入点，带动专业调整与建设，引导课程设置、教学内容和教学方法改革。上述两个文件的出台，标志着高职人才培养模式改革拉开了序幕，为高职人才培养模式改革指出了明确方向。教育部2009年2月20日出台的文件《教育部关于加快高等职业教育改革，促进高等职业院校毕业生就业的通知》（教高〔2009〕3号），明确要求高职院校要切实落实高职学生学习期间顶岗实习半年的要求，与合作企业一起加强针对岗位任职需要的技能培训，大力提升毕业生的技能操作水平，提高就业能力。教育部发布的《教育部关于推进中等和高等职业教育协调发展的指导意见》（教职成〔2011〕9号）中指出要改革以学校和课堂为中心的传统教学方式，重视实践教学。《国务院关于加快发展现代职业教育的决定》（国发〔2014〕19号）提出建立健全产教融合制度和健全促进企业参与制度，《国务院办公厅关于深化产教融合的若干意见》（国办发〔2017〕95号）又进一步强化校企合作、工学结合，明确表示要深化"引企入教"改革，推行面向企业真实生产环境的任务式培养模式，全面推行现代学徒制人才培养模式。此外，《国家中长期教育改革和发展规划纲要（2010—2020年）》也明确提出，要强化实践教学环节以提高人才培养质量。上述我国中央政府及教育部出台的一系列政策法规为高职专业建设和改革指明了方向。

2. 重庆工业职业技术学院酒店管理专业人才培养模式改革背景

在改革之初，重庆工业职业技术学院酒店管理专业如同大部分高职院校一样，也存在专业课程与企业需求脱节、校企合作流于形式、师资队伍建设薄弱、校内实训室软硬件投入少、学生培养质量不高等问题。但自2006年起，重庆工业职业技术学院酒店管理专业充分把握以下机遇，对人才培养模式进行了不断改革和探索。

（1）参与国家示范高职建设。

2005年国务院召开全国职业教育工作会议，颁布了《大力发展职业教育的决定》，明确提出了重点建设100所国家示范性高等职业院校的重大决策。教育部、财政部积极贯彻落实国务院决定，于2006年启动了国家示范性高等职业院校建设计划。这一政策是我国高职教育改革发展中的一项重要战略举措，是我国继实施高等教育"211工程"之后，为提高高等职业教育质量、增强高等职业院校服务经济社会发展能力的一项重要措施，被称为高等职业教育中的"211工程"。该计划拟从全国1000多所高职院校中，选择办学定位准确、产学结合紧密、改革成绩突出、制度环境良好、辐射能力强的100所高等职业院校，分年度进行重点支持建设，带动全国高等职业院校办出特色，提高水平。[①]经过全校师生的艰苦努力和辛勤付出，重庆工业职业技术学院于2006年成功申办国家示范高职建设单位，成为我国第一批国家示范高职院校建设单位。同时，酒店管理专业与其他四个国家示范建设重点专业被学校和教育部确定参与国家示范验收。2009年，学校整体顺利通过教育部验收。

（2）参与建设国家统筹城乡教育综合改革试验区项目。

根据重庆市教育委员会《关于开展建设国家统筹城乡教育综合改革试验区项目试点工作的通知》（渝教办〔2009〕10号）文件，2009年重庆工业职业技术学院被列为重庆市建设国家统筹城乡教育综合改革试验区单项类项目试点单位。根据项目试点任务要求，结合国家示范建设项目及学校发展规划，决定把酒店管理专业的人才培养模式改革作为其中一项重点建设任务。

（3）参与重庆市优质高职建设。

2018年，重庆工业职业技术学院成为重庆市优质高职建设单位。通过和国际国内领先的院校对比分析，确定打造以酒店管理为主的旅游类专业群参与优质高职建设。

该专业群建设目标是：以《重庆市国民经济和社会发展第十三个五年规划纲要》和把高质量发展现代服务业作为自贸区试验特色的战略定位为指导，走内涵发展的道路；构建政府、学校、行业、企业多主体联合育人的专业建设机制，完成以酒店管理专业为试点的现代学徒制人才培养工作的全面推广；深化能力本位课程体系开发，推动以项目教学为基础的"教练型"教学方法的改革；实施网格化师资培养体系，打造业内知名教师；建成满足专业群岗位通用技能需求的共享型综合职业实训环境；构建以综合职业能力培养为基础、面向创新服务能力提升的创新人才培养机制；引入大型知名旅游企业的岗位标准和行业标准，将国外优质课程及师资植入专业课堂，实现课程标准与国际标准对接，面向"一带一路"国家开展教育资源输出，增进互动、带动发展；进一步加强旅游规划和管理研究所建设，依托管理与航空服务学院的雄厚实力，积极参与社会服务。到2020年，将专业群建设成为培养模式领先、资源共享高效、教学条件先进、师资团队一流、培养质量优异、产教融合升级、行业美誉度高的品牌专业群。

---

① 贺武华. 政策同形："国家示范性高职院校建设"政策制定的一种解释[J]. 职业技术教育，2009，30（19）：38-43.

（二）研究意义

高等职业教育作为高等教育发展中的一个类型，肩负着培养面向生产、建设、服务和管理第一线需要的高技能人才的使命。[1]而高等职业教育人才培养模式既是高职教育发展过程中需要长期关注的基本问题，也是高职教育改革的关键问题。从发达国家已经取得成功的高职教育经验来看，没有好的人才培养模式，就不可能有成功的高职教育。随着我国经济的快速发展、产业结构的不断调整以及高等职业教育的快速发展，高等职业教育人才培养模式对我国建设人力资源强国及国民经济的发展影响越来越大，改革迫在眉睫。

其研究成果将为高职酒店管理专业乃至整个高职大部分专业的人才培养模式改革提供参考意见和建议，进而推动我国高等职业教育人才培养质量的提高，提升我国高等职业教育整体发展水平。此外，研究成果也将为重庆地区，尤其武陵山区和大巴山区的贫困地区培养急需的旅游（酒店）业高素质人才做出重要贡献，并有力促进当地旅游业的快速发展，带动农民脱贫致富。最后，通过分析酒店业发展前景，将为重庆酒店和全国其他区域酒店可持续发展提供一定的帮助。

二、国内外研究综述

国外职业教育实施工学结合、校企合作和现代学徒制人才培养模式较早，具体实现形式多样；我国高职院校近年来也不断对专业进行改革，深入研究、推广和实施现代学徒制人才培养模式。

（一）国外研究综述

国外关于现代学徒制的研究起步较早，研究成果较多。归纳起来主要从政府视角、企业视角和学徒视角进行研究。这些研究成果，围绕现代学徒制，既包含了对宏观政策和微观个体等方面的研究，又体现了对理论层面和实践层面的探讨。视角和方法上融合了经济学、社会学、教育学等众多学科，理论研究具有深度，实践研究呈现多元化。[2]

---

① 卢智勇，谢臣英，乔西铭.高职教育工学结合的人才培养模式探索[J].继续教育研究，2010（8）：58-60.
② 汤霓.国外现代学徒制理论研究与实践探索[J].中国职业技术教育，2016（31）：25-29.

1.政府视角

在不同国家的现代学徒制体系中，政府所发挥的作用和功能也不尽相同，但都离不开政府对整个体系的推动或监管。从国外研究成果来看，基于政府视角的现代学徒制研究主要体现在对政府职责的探讨。政府职责探讨的重点主要集中在质量规范、培训补贴、信息公开、信贷约束四个方面。

（1）质量规范。

政府通常在培训质量的规范方面发挥着重要的作用。缺乏明确的培训标准，学徒将会面临培训质量的不确定性，企业则有可能通过提供劣质的培训培养廉价的劳动力。英国学者Malcomsen认为，关于学徒制培训长度的规范是非常重要的，因为这决定了劳动力培训的深度。挪威学者约翰森则对关于企业集体行动的规范进行了关注，他指出，强大的监管机构（如国家机关或产业委员会）可以减轻企业对"搭便车"行为的担心。美国著名经济学家阿西莫格鲁和皮施克则认为，确保劳动力流动过程中技能的可迁移性和消除信息的不对称性同样重要，这样可以使企业拥有足够多的信息评价潜在劳动力的技能水平。

（2）培训补贴。

法国的税收体系被英国的政策决策者认为是同时实现提供培训补贴和推行集体行动的一种手段，以促使企业提供一般性培训。英国经济学家史蒂文斯研究发现，基于企业利润的培训征税可以同时实现上述目标，然而基于工资额的培训征税会降低信贷难度但并不会减少外部"挖墙脚"的情况。在一份关于英国和法国税收政策比较分析的报告中，研究者Greenhalgh指出，培训税可以大幅增加企业在培训方面的支出，虽然这些支出所带来的收益并没有被平均分配。

（3）信息公开。

有学者指出，解决学徒制培训风险顾虑的方法之一是提高学徒制培训结果的透明度，或者说让青年人能看见他们在这个系统中的当前目标和未来目标。德国学者莱曼认为，德国学徒制体系是一个高度透明化的范例，教育、学徒制培训和就业紧密结合，这种结合传递了清晰的未来就业市场的用人要求。相反，加拿大的学徒体系中教育和就业的联系就松散很多，尤其是提供学徒制信息方面，这就在一定程度上阻碍了学徒的招聘。

（4）信贷约束。

正如对教育的所有投资一样，政府可通过弥补人力资本投资中存在的信贷市场缺陷，鼓励更多的劳动力参与学徒制培训。由于人力资本不同于可用作抵押品的其他资本形式，因此学徒很可能面临信贷约束。学徒可能无法负担培训的费用，包括课堂和工具的支出，特别是对于有家庭的年长学徒来说更是如此。这种情况在加拿大真实存在，学徒通常无法像普通大学或社区学院的学生一样具备学生贷款的资质。英国经济学家史蒂文斯指出，如果政府可以提供或保证低息贷款，则可以在一定程度上缓解学徒的信贷约束压力。然而，有研究指出，政府提供这种信贷支持的困难在于经过学徒制培训的学徒可能会面临未来无法获得足够收入的风险。即使学徒获得了相应的资格证书，这种投资回报也会因为技能需求的不稳定性而无法确定。在一些就业不稳定的产业部门，可以发现个人的风险厌恶是个人申请学徒制培训贷款的重要障碍。政府通过直接对学徒制培训项目进行补贴这种方式，将这种风险转移到政府身上，可以缓解这一问题。

2. 企业视角

现代学徒制通常被视为能有效嵌入就业的教育形式，而企业的意愿通常是发展和制约现代学徒制的重要条件。从国外研究成果来看，基于企业视角的现代学徒制研究多数集中于企业参与现代学徒制动机的研究。以下从微观经济学和集体行动理论两个层面来梳理关于现代学徒制中企业动机的主要观点。

（1）微观经济学层面。

美国著名的经济学家贝克尔经典的人力资本和培训市场配置理论从微观经济学视角开启了企业参与培训的研究。贝克尔假定劳动力市场为完全竞争市场，将技能区分为适用于所有企业的一般技能与只适用于个别企业的特殊技能。基于这样的界定，贝克尔认为，一个有效的培训市场应当是企业承担特殊技能培训的费用，而个体支付一般技能培训的费用。在完全竞争市场中，个体可以通过一般技能培训获得收益，而企业则不愿为一般技能培训进行投资。这是因为一旦工人离开培训企业，该企业会损失所有的培训投资。

（2）集体行动理论层面。

微观经济学的分析思路有助于从成本收益的角度分析企业参与现代学徒制的动机，而集体行动理论的分析思路则有助于解释不同产业和国家中现代学徒制的不同形态。挪威学者约翰森认为，可迁移培训应该被视为集体的或非纯粹的公共物品，由于雇员的流动性，这种培训具备竞争性且是非排他的。如此一来，外部的"挖墙脚"则带来了问题，即企业可从投资培训和投资可迁移培训合作中获得利益，但仍然会面临"搭便车"的风险。约翰森还指出，市场解决企业的培训作用是有限的，如果运行良好可以解决短期的技能短缺问题，但企业却没有动机解决长期的技能不足问题。他认为，就雇主而言，少数的企业和强大的监管机构（如国家机关或产业委员会）对于集体行动的实现是必要的。

3. 学徒视角

国外大量关于"从学校到工作"的文献探讨了学徒制对个体或学徒的经济、教育、就业以及培训的影响。从国外研究成果来看，基于学徒视角的现代学徒制研究多数集中于对学徒个体利益的探讨。

（1）就业。

在过去20年中，工业化国家出现了越来越严重的青年就业问题。研究者指出，日益加剧的就业技能偏向可能算是一个解释，即生产技术越来越倾向于高技能劳动力而非低技能劳动力。然而，为什么在英国、法国和美国出现了急剧恶化的青年劳动力就业市场，而在德国、日本和荷兰这一情况却没这么糟糕。英国学者莱恩认为，一个国家的"从学校到工作"的机构可以解释这一不同，后者的国家体系更有利于发展职业教育以及学校和企业之间的联系，使得青年从学校到工作的过渡更为通畅。也有研究表明，职业教育与高收入只是有选择性的相关，而职业教育与低失业率则是高度相关。与此同时，职业教育较低的注册率也反映了学生对普通教育的偏好以及高等教育的回报率。莱恩还指出，作为职业教育的一种形式，现代学徒制在欧洲许多案例中都体现了同样的特征。现代学徒制与青年人早期劳动力市场的优秀表现紧密相关，但是更多地体现在就业上而非报酬上。

（2）选择意愿。

相比于大学教育，学徒制培训通常只能带来较低的回报和职业流动性。那么在什么样的条件下，青年个体会加大对学徒制培训的投入呢？英国社会学家克劳奇指出，普通教育通常能为社会地位较高的人群提供高的声望和流动性，为社会地位较低的人群却只能带来更少的技能和提高。个体成功的不确定性通常会造成两难选择，然而不同选择所附带的价值却仍然会使得个体倾向于选择普通教育。还有英国学者指出，除去个人天资，只占有有限的社会资本会使得个体倾向于选择学徒制而不是大学教育，这是因为学徒制培训能使工资得到增长。研究者们从学徒视角审视现代学徒制的另一个问题，即是学徒制培训的风险可能会高于一般的培训或普通教育。学徒学习特殊技能所获得的终身收入，相比于学习通用技能而言将会面临更大的风险；尤其是在不确定的技术发展和全球化的进程中，将有可能破坏特殊技能的市场性，这一现实也将成为影响学徒参与学徒制培训决策的重要因素。上述国外关于现代学徒制的研究成果，主要从政府职责、企业动机、学徒利益等方面展开了研究，理论研究具有深度，实践研究呈现多元化。目前，现代学徒制在我国已成了研究热点。然而，相较于国外，我国的研究成果略显"单薄"。一方面体现在实践研究过于表面化；另一方面体现在理论研究缺乏创新，主要依赖于西方理论。而国外关于现代学徒制的研究成果，不仅能在内容和方法上为国内研究者提供有益的借鉴和参考，更能在研究领域上给予启发。①

（二）国内研究综述

1. 我国现代学徒制人才培养模式的理论研究

主要从人才培养定位、课程体系、人才培养过程、教育管理和教育评价等人才培养模式的五个要素进行分析。

（1）现代学徒制人才培养定位的理论研究。

通过查阅近几年现代学徒制人才培养定位文献，发现提出清晰人才培养定位的研究很少，部分文献粗浅地描述人才培养定位。佘瑞龙介绍了上海西南工程学校现代学徒制试点情况，提出根据企业用人标准建立校企一体化人才培养标准，培养复合型高级技能人才。②潘建峰认为，学徒的培养定位要满足企业岗位需求和学徒终身发展的需求。校企双方首先在对岗位任务（需达到能力水平）和学徒能力（已有能力水平）进行分析之后，再对学徒培养进行定位。③赵鹏飞总结了广东清远职业学院的实践做法，认为现代学徒制学徒身份定位应是双重身份，应根据行业标准、国家职业资格标准和企业的具体需求，结合专业特点、招生生源、招生方式，制订现代学徒制人才培养模式，共同解决学徒双重身份界定问题。④

现代学徒制人才培养定位，研究者们提出要结合企业具体的用人需求、具体工作岗位需求，这一做法将企业摆在鲜明主导地位。虽然也有研究者提出应根据学徒持续发展能力、行业标准、国家标准等，但强调力度不够，直接或间接忽视了学生、社会的需要。同时，人才培养目标定位涉及了学生、企业、学校、行业、国家

① 汤霓. 国外现代学徒制理论研究与实践探索[J]. 中国职业技术教育，2016（31）：25-29.
② 佘瑞龙. 现代学徒制人才培养实施及数理分析[J]. 中国职业技术教育，2015（28）：63-66.
③ 潘建峰，刘瑛，魏宏玲. 高职制造类专业现代学徒制实施路径研究与实践[J]. 中国职业技术教育，2017（2）：75-79.
④ 赵鹏飞，陈秀虎. "现代学徒制"的实践与思考[J]. 中国职业技术教育，2013（12）：38-44.

五方关系间的博弈，五方力量应如何协调，共同构建一个着眼于满足社会产业结构调整、符合企业人才需求、符合学校教育目标、促进学徒终身可持续发展的现代学徒制人才培养目标，其相关的研究探索力度仍然不够，也不够精细。①

（2）现代学徒制人才培养模式课程体系的理论研究。

关于现代学徒制人才培养模式课程体系研究，研究者们认为应依据企业具体岗位需求，在课程设置上应具有国际视野，突出课程的教育性和生产性。如胡秀锦提出课程设计应由校企双方、教师与师傅双向开发，课程教材设计应根据企业岗位特点和学生学习理论，与时俱进地对课程进行改革。②潘建峰认为通过调研企业各岗位技能标准和职业素养要求，在基于工作任务与职业能力分析的基础上，构建现代学徒制的专业课程体系。③赵鹏飞认为校企双方要将职业认证考核标准与岗位晋升等级考核标准作为课程考核的重要指标。④刘哲以学校电力系统自动化技术专业为例，介绍了该专业课程借助国际化平台，使专业标准与国际标准接轨，构建了以"课岗融通"的课程体系，将创新创业教育资源融合进来，培养学生的基础能力、核心能力、创新能力等。⑤吴建设提出高职课程应以企业课程为主，突出高职教育的"高等性"和"职业性"特点，根据企业工作的技术本质要素来构建课程，并注意与学校课程的有效衔接。⑥

现代学徒制的实施最终要依托于课程。学者们多从宏观设计层面论述课程建设，课程微观建构研究不足。例如在课程开发上，学界强调采用任务分析法，类似于MES课程开发模式，开发标准化程度高、固定性强的工作岗位课程组织体系；但这种开发模式对新型高度复合型人才的职业岗位课程体系却有些苍白，尤其是对工作岗位中深层次复合能力，例如问题解决、创新能力等分析力度明显不够；而且学生在此课程设计中获得的知识体系是碎片化的，无法支撑其可持续职业发展。此外，课程体系过于强调企业具体岗位需求，摆脱了职业教育中长期以来"学问化"的桎梏，但无疑不知不觉中又陷入了另一个极端，在产业结构调整如此之快的大环境中，每个人一生不可能只从事一份职业，当前的职业教育课程体系难免忽视了学生的终身发展需求——职业素养和综合素质能力。⑦

① 崔钰婷，杨斌.我国现代学徒制人才培养模式综述及反思[J].当代职业教育，2018（2）：71-78.
② 胡秀锦."现代学徒制"人才培养模式研究[J].河北师范大学学报（教育科学版），2009，11（3）：97-103.
③ 潘建峰.基于现代学徒制的高端制造业人才培养研究与实践[J].中国职业技术教育，2016（5）：46-49.
④ 赵鹏飞.现代学徒制人才培养的实践与认识[J].中国职业技术教育，2014（21）：150-154.
⑤ 刘哲.基于现代学徒制高职人才培养模式研究与实践[J].中国成人教育，2015（24）：124-125.
⑥ 吴建设.高职教育推行现代学徒制亟待解决的五大难题[J].高等教育研究，2014（7）：41-45.
⑦ 崔钰婷，杨斌.我国现代学徒制人才培养模式综述及反思[J].当代职业教育，2018（2）：71-78.

（3）现代学徒制人才培养模式和过程的理论研究。

关于现代学徒制人才培养模式和过程的研究，研究者们主要强调"双师型"队伍建设、教学时间安排及教学管理。赵鹏飞总结了广东清远职业技术学院培养过程，双导师共同授课，企业导师（师傅）以"以师带徒"方式承担岗位核心课程；学校将导师（教师）送到企业进行理论性课程内容的教学工作，实现双元岗位育人。[1]佘瑞龙认为应进行双导师课程教学安排，将双导师引入课堂，企业师傅融进课程、融入课堂、融入学生之中，同时学校教师应进入企业接受再培训、融入企业工作队之中。[2]唐燕结合自身所在学校提出了人才培养过程，学徒的学习应该是企业实训和课堂学习的整合。三年制教学时间安排应采用"1＋0.5＋0.5＋1"模式，教学地点应是学校（理论知识和基本技能）—企业（实训）—学校（提升学习）—企业（顶岗实习）。[3]王振洪提出，由于教学组织中的多元化主体要求在教学管理中体现"他方为中心"和"一切为了学生更好地发展"的教育理念，应实行校企共同"柔性化"管理模式。[4]研究者们都强调了双师型队伍的重要性，但是如何选择合适的师傅到学校承担实习实训任务，如何充分调动师傅的积极性、主动性，如何协调企业师傅与学徒之间的利益冲突等，这些方面的研究还不够深入。此外，各种教学培养过程更多从管理学角度考虑，教学培养过程的教育学、心理学依据不够，特别是针对职业教育学理论依据还有待梳理。

（4）现代学徒制人才培养模式教育管理的理论研究。

关于现代学徒制人才培养模式教育管理研究，其研究重点是在现代学徒制利益相关者的综合治理。陈海峰提出了现代学徒制人才培养模式管理应体现法治化。他梳理了在现代学徒制中各自的责任，同时多元主体应自愿参与职业教育管理，形成一种"平等的社会关系"。[5]祝木伟认为在明确院校、企业和学生三方法律责任前提下，应对学生和师傅的权益做出保障。[6]赵鹏飞认为，"校企共同管理、综合评价"是现代学徒制发展的客观要求，应该做好两点：一是签好合同（学徒与企业、学校与企业），二是校企共同制定刚柔相济的教学管理制度。[7]潘建峰结合西

① 赵鹏飞.现代学徒制人才培养的实践与认识[J].中国职业技术教育，2014（21）：150-154.
② 佘瑞龙.现代学徒制人才培养实施及数理分析[J].中国职业技术教育，2015（28）：63-66.
③ 唐燕，丁建庆.中职酒店专业引入现代学徒制的实践探索[J].中国职业技术教育，2014（11）：25-29.
④ 王振洪，成军.现代学徒制：高技能人才培养新范式[J].中国高教研究，2012（8）：93-96.
⑤ 陈海峰.现代学徒制的本质及模式多样化探讨[J].中国职业技术教育，2015（18）：45-48.
⑥ 祝木伟.中国特色现代学徒制人才培养实施现状及改进策略[J].中国职业技术教育，2016（20）：16-19.
⑦ 赵鹏飞.现代学徒制人才培养的实践与认识[J].中国职业技术教育，2014（21）：150-154.

子航空工业学院提出了现代学徒制教学过程应采用"工学交替"模式，企业和学校应匹配对应的投入机制和高效的管理体制。①现代学徒制流畅的管理过程可以顺利地解决试行过程中出现的问题，现代学徒制教育管理其本质也是一种多元主体的"跨界治理"模式，如何平衡各方之间的利益冲突，对各方的"职责权利"准确定位，充分保证弱势群体学生的权益，需要深入挖掘，并结合其他学科相关理论进行解析。

（5）现代学徒制人才培养模式的教育评价理论。

研究者们认为现代学徒制评价主体应该是参与者多元评价，评价标准主要围绕着国家职业资格证书和相关的学业标准，并利用了大数据。焦玉君提出了评价系统的主要内涵包括以下几个方面，即多角色、自主性、即时性、数据实时可视性、大数据分析、多终端。②吴建设认为在我国现代学徒制体系尚未建成的情况下，首先，评价考核体系应由企业和学校共同建立"学业标准"和"学徒标准"；其次，学生应根据具体岗位要求考取相应的职业资格证书；最后，在国家层面上由人力资源部门出台现代学徒制的国家级标准，完善评价体系。③唐德贵认为，应根据职业教育人才培养的最终目标，构建职业教育"能力本位"的多元评价体系，即学校评价与社会评价、过程评价与结果评价、学校评价与企业评价、理论评价与实际操作评价、教师评价与学生评价、技能评价与技能鉴定相结合。④现代学徒制的评价环节是现代学徒制完善的必经环节。研究者们认为评价标准要围绕国家职业资格标准，评价方式内容主要包括理论内容评价和实际技能评价，评价形式主要是考试和考核。

对现代学徒制人才培养模式的理论研究，研究者们分别从人才培养定位、课程体系、培养过程、教育管理、教育评价五个内容进行探究，取得了大量的研究成果，丰富了我国现代学徒制人才培养理论。在研究内容上，学界首先认可了现代学徒制是职业教育中一种重要的人才培养模式，这一模式体现了产教融合、校企合作的深刻内涵。同时，现代学徒制人才培养模式涉及了多元主体利益博弈，研究者们在对多元主体利益分析的基础上架构了宏观模式，利益相关者应该共建共享工商，实现互利共赢。在研究方法上，多以思辨研究为主，研究者们多在现代学徒制人才

① 潘建峰，刘瑛，魏宏玲.高职制造类专业现代学徒制实施路径研究与实践[J].中国职业技术教育，2017（2）：75-79.
② 焦玉君，周立新.政校行企多元联动创新现代学徒制人才培养模式[J].中国职业技术教育，2016（31）：60-63.
③ 吴建设.高职教育推行现代学徒制亟待解决的五大难题[J].高等教育研究，2014（7）：41-45.
④ 唐德贵.以职业能力培养为核心构建中职教学评价体系[J].成都航空职业技术学院学报，2014（S1）：57-59.

培养模式应然层面讨论，对现代学徒制人才培养模式概念、内涵、价值以及发达国家的经验进行了较为全面、深入的研究，这对构建我国现代学徒制人才培养模式具有较高的指导意义。

当前我国现代学徒制人才培养模式仍然存在着若干问题，影响着这一领域的理论研究。从理论研究视角上看，研究方法过于单一，重视思辨研究而忽视了实证研究价值，导致思辨性研究难以还原现代学徒制人才培养模式整体风貌，甚至有不少研究结论雷同。从研究视角看，跨学科、跨领域研究不够，当前研究者研究视角多集中在管理学、教育学中。现代学徒制利益相关者主体多元，这已经超出了教育学、管理学视角范围，应多从不同学科视角出发，如从政治学、法学、心理学等理论出发进行多元分析；从研究内容来看，内容创新度不够，且存在着单一重复问题，深入度不够。例如研究者们均提出现代学徒制人才培养模式是一种"跨界合作"，但如何深度合作、平衡各主体利益诉求，相关研究过浅。

2. 我国现代学徒制人才培养模式的实践研究

（1）现代学徒制人才培养模式培养目标和选拔方式实践研究。

广州番禺职业技术学院作为全国第一批现代学徒制试点院校，与亚洲最大规模果品连锁企业百果园进行了现代学徒制试点合作，成立了百果园学院，明确提出"职业店长"人才培养目标。①浙江工商职业技术学院开展了"带徒工程"，以培养学生职业能力为目标，促进学生就业为导向。②西子航空工业学院在学徒选拔中，增加了对学徒的职业性向分析，力求选拔出最合适的员工匹配职业岗位，并通过企业人力资源部门结合自身要求，闭环操作学徒人才培养方案，对学徒培养目标准确定位。③

在主要的选拔方式上，现代学徒制实践中通常有三种：学校选拔、企业选拔、学生企业双向选择。如重庆北碚职业教育中心做法是以企业为主进行选拔，直接从初中毕业生中以"面试＋中考"方式选拔学徒；④长春职业技术学院的做法是采取先招工、后招生的方式，采取自主招生方式，在企业中寻找有参加高考资格

① 阚雅玲，丁雯. 现代学徒制的实践与探索——以百果园学院为例[J]. 中国人力资源开发，2015（24）：60-67.
② 张启富. 我国高职教育试行现代学徒制的理论与实践——以浙江工商职业技术学院"带徒工程"为例[J]. 职业技术教育，2012，33（11）：55-58.
③ 潘建峰，刘瑛，魏宏玲. 高职制造类专业现代学徒制实施路径研究与实践[J]. 中国职业技术教育，2017（2）：75-79.
④ 唐燕，丁建庆. 中职酒店专业引入现代学徒制的实践探索[J]. 中国职业技术教育，2014（11）：25-29.

的员工；①东莞机电工程学校与日本牧野公司合作，由学校先招生，前期在学校培养，后期企业从学校选拔优秀学生；②宁波城市职业技术学院"腾峰班"，采取学生企业双向选择、公平自愿的方式，充分考虑了学生的意愿。③

在人才培养目标上，通过查阅近年来典型案例，发现明确提出现代学徒制人才培养定位的案例少之又少，提出来的案例大多是与企业就业岗位糅合，侧面反映了学校和企业在培养过程中，忽视了学生长远就业发展。在具体选拔上，有三种方式，分别体现了现代学徒制不同的主体导向，在破解"招生即招工"学徒双重身份这一难题时，学校和企业也相应采取了对策，这表明我国应该在劳动制度和教育制度上立足两种制度交叉盲点，出台相应的法律政策保障学生与学徒的双重身份。④

（2）现代学徒制人才培养模式课程体系实践研究。

在课程载体上，试点院校尤为重视一体化项目，如广州工程技术职业学院现代学徒制试点以一体化项目为课程载体，由工作室学长和师傅共同带领学徒成长；⑤在课程体系参考标准上，试点院校主要围绕三大标准进行课程设计：企业标准、岗位标准、国家职业资格标准，如长春职业技术学院围绕国家职业资格的项目化课程与毕业设计子体系设计了学校课程链，围绕企业生产标准形成了企业课程链；⑥在课程类型方面，都特别重视企业实践课程，东莞机电工程学校开设了"企业课堂"，以企业岗位为学习情境，并强调"企业课堂"并非为了满足企业一时用工需求，而是为了储备人才的长远规划，企业生产不能替代学校学习。⑦在课程体系实践研究上，学校和企业均瞄准了一体化项目课程，项目课程可以帮助学生和学

① 赵有生，王军，张庆玲，等.高职院校现代学徒制的实践探索——以长春职业技术学院为例[J].职业技术教育，2014，35（11）：72-74.

② 曹永浩，胡丽英，陈仲宁，等.基于"现代学徒制"下的"企业课堂"教学创新与实践[J].中国职业技术教育，2015（8）：74-78.

③ 胡新建.高职院校试行现代学徒制的实践与探索——以宁波城市职业技术学院为例[J].中国高教研究，2016（7）：102-105.

④ 崔钰婷，杨斌.我国现代学徒制人才培养模式综述及反思[J].当代职业教育，2018（2）：71-78.

⑤ 王世安.高职以工作室为基础的现代学徒制研究——以广州工程技术职业学院计算机仿真专业为例[J].职教论坛，2013（27）：14-16.

⑥ 赵有生，王军，张庆玲，等.高职院校现代学徒制的实践探索——以长春职业技术学院为例[J].职业技术教育，2014，35（11）：72-74.

⑦ 曹永浩，胡丽英，陈仲宁，等.基于"现代学徒制"下的"企业课堂"教学创新与实践[J].中国职业技术教育，2015（8）：74-78.

徒快速体验真实工作任务、掌握一线生产技术，但同时，正如东莞机电工程中职学校所强调"课程不应该仅满足一时用工需求"，也应该考虑学生职业长远规划。因此，学校和企业应该开设一些通识选修课，建立课程"篮子超市"，学徒可根据自身兴趣和规划选修相应课程。同时，随着信息技术时代的到来，应积极利用信息技术、"互联网＋"所带来的便捷性，购买其他学校、企业以及培训机构的优质课程资源，减少开发成本。

（3）现代学徒制人才培养模式的过程与实践研究。

关于培养过程实践研究，主要聚焦在师傅带徒、教学时间、学分转换和教学标准四个方面。

在培养过程中，有学校以真实项目、考证、技能大赛为依托，进行以师带徒、师傅辅导学生等。

在教学时间安排上，有的学校为了充分保证师傅的教学质量水平，规定师傅每年为徒弟提供不少于3个月的企业实习机会，并成立专门"企业学习日"（月、周），赴企业学习。也有学校为了充分保证企业项目的连续性，充分利用课余周末，采用了课余时间和周末跟班加岗的交替式学习形式。[①]

在学分认定方面，试点院校积极鼓励学生进行创新创业和技能竞赛，并建立相应的学分转换制度。如某学校某学院规定学生参加技能竞赛，若获奖则省级一等奖转换8分，二等奖转换6分。[②]

在教学标准方面，有的学校参考国家专业教学标准和行业资格标准，制定了专业的教学标准。[③]

现代学徒制培养过程应以工学结合为主，不少院校在试点过程中已经逐步探索了工学结合、理实一体化的教学模式，强调双师型导师队伍在培养过程中的重要性。但现代学徒制人才培养模式的研究者们大多从宏观层面进行论述，在实践微观路径上的推动还不够深入，如工学结合如何更有效地结合、理论与实践如何在教学中更好融合、教学设计中学生对知识和技能的合理需求如何得到充分保障、培养过程中多元主体各方的责任与义务如何协定等。

① 彭杰，黄海江. 就业导向视域下现代学徒制育人模式的构建——以金华职业技术学院为例[J]. 黑龙江高教研究，2013（4）：101-103.
② 张启富. 我国高职教育试行现代学徒制的理论与实践——以浙江工商职业技术学院"带徒工程"为例[J]. 职业技术教育，2012，33（11）：55-58.
③ 潘建峰，刘瑛，魏宏玲. 高职制造类专业现代学徒制实施路径研究与实践[J]. 中国职业技术教育，2017（2）：75-79.

（4）现代学徒制人才培养模式质量评价实践研究。

关于现代学徒制人才培养模式质量评价实践研究，研究者们多从评价标准、评价方式进行佐证。如广州工程技术职业学院成立了王世安工作室，并从三个方面构建质量标准：学历与职业技能证书、各类技能竞赛的获奖以及项目应用转化度。[1]同时，也有学校在试点过程中引入了第三方评价机构，保障评价真实客观，如无锡机电高职数控专业评价体系由学校、企业、第三方机构及家长共同评价，促进现代学徒制良性运行。[2]西子航空工业学院改革学徒传统评价方式，实施"1234"评价模式，具体包括职业核心素养评价、过程性评价与终结性评价、企业学校行业三方评价、国际梯级薪酬体系评价四个环节。[3]当前现代学徒制人才培养模式评价手段类型多样，引入了第三方评估机构进行相应的评价诊断，可以充分保证评价的独立性，但同时应该制订相应的评价指标以及各主体评价比重，使得质量评价更有效，操作性更强。同时，目前部分现代学徒制人才培养模式评价内容过于狭隘，没有建立以人为本的整体性评价观，除了专业能力评价，同时应该建立对社会能力和方法能力的考核评价体系，并进行量化。评价过程方面，既需要在仿真环境中测评，又需要在真实的职业活动中测评。

（5）现代学徒制人才培养模式组织管理实践研究。

关于现代学徒制人才培养模式组织管理实践研究，实践研究者多从校企双主体进行讨论，少部分研究者涉及了行业协会。如百果园学院成立了以企业为主导的理事会领导下的院长负责制，院长由企业的人力资源总监担任，另设执行院长，由校方担任，理事会负责学院发展规划、专业设置、人才培养方案制订等；[4]宁波城市职业学院与宁波腾峰集团合作，将上海大众汽车4S店开在校园，实现了"校中厂"和"厂中校"的统一；[5]洛阳铁路信息工程学校，依托铁路行业办学，与中铁建、中国通号公司合作，建立了校外实训基地，同时提供培训服务。[6]现代学徒制

① 王世安.高职以工作室为基础的现代学徒制研究——以广州工程技术职业学院计算机仿真专业为例[J].职教论坛，2013（27）：14-16.
② 朱军.现代学徒制在数控技术专业中的实践探索[J].职业技术教育，2014（29）：16-18.
③ 潘建峰，刘瑛，魏宏玲.高职制造类专业现代学徒制实施路径研究与实践[J].中国职业技术教育，2017（2）：75-79.
④ 阚雅玲，丁雯.现代学徒制的实践与探索——以百果园学院为例[J].中国人力资源开发，2015（24）：60-67.
⑤ 胡新建.高职院校试行现代学徒制的实践与探索——以宁波城市职业技术学院为例[J].中国高教研究，2016（7）：102-105.
⑥ 张智辉，韩志孝.基于现代学徒制的"校企合作、工学结合、顶岗实习"人才培养模式研究与实践[J].中国职业技术教育，2016（22）：52-54.

其本质是一种校企合作形式，因此在组织管理中应该由学校和企业联合进行治理，例如校企联合成立新学院，开设"校中厂"和"厂中校"。同时，也有案例涉及了依托行业，但在我国由于历史原因，目前行业指导总体能力不足，发展不成熟，与企校联系不紧密。因此，只有一些发展成熟、稳定的行业，可以采用类似的行业办学路径。同时，现代学徒制试点工作也可依托大型职教集团，职教集团可以把学校、企业、行业等组织紧密结合，促进资源共享，整合多方力量共建，提供协同育人平台共商，提升我国现代学徒制人才培养模式质量。

在对现代学徒制人才培养模式的实践探索方面，2015年我国开始了第一批现代学徒制试点工作，目前正在循序渐进、以点带面地试行，从创建现代学徒制实施环境（校企合作）—现代学徒试点（点）—现代学徒制模式推广（面），国家相继从招生制度、育人机制、双师型导师建设、利益相关者协同机制、管理制度等内容进行了宏观规范，对现代学徒制试行予以政策、制度、实施空间创设和保障。院校实践工作者以人才培养模式作为探索载体，在培养目标和选拔方式、课程体系、培养过程、质量评价、组织管理等层面进行了实践，增强了我国现代学徒制人才培养模式经验，逐步构建具有中国特色的现代学徒制。

当前我国现代学徒制人才培养模式仍然存在着若干问题，影响着这一领域的实践探索研究。从实践探索视角上看，在探索背景上忽视了产业升级、供给侧改革、中国制造2025等政策和背景对现代学徒制人才培养模式提出的新具体要求，实践试点脱离于宏观政策；实践方法上，多注重人才培养模式宏观架构，对微观层面人才培养模式的具体路径、分步措施探讨不足；另外，对现代学徒制中最核心要素——师徒关系的相关实践偏离，甚至有些院校直接忽视了这一关系，这反映了当前我国现代学徒制试点过程中的最关键问题：是否将现代学徒制人才培养模式与传统意义的校企合作相混淆，当前试点过程中的人才培养模式是否也只是过去校企合作模式的"升级版"。

另外，经过分析，我国现代学徒制人才培养模式的理论研究实质上是滞后于实践发展的，两者长期存在脱离现象，理论研究者提出的诸多问题，在具体的实践层面都已有显现，这也提示我国现代学徒制理论工作者应该积极主动去实践中发现问题、寻找问题、提升理论，为今后的发展方向奠定理论基础。[1]

---

① 崔钰婷，杨斌.我国现代学徒制人才培养模式综述及反思[J].当代职业教育，2018（2）：71-78.

三、研究思路和研究方法

（一）研究思路

第一，拟定研究框架、科学分工。

第二，收集、查找相关文献，对现有的研究进行归纳、分析和总结，便于借鉴相关经验。

第三，邀请有关行业专家、学者和家长代表进行座谈，了解各方对专业改革的意见和建议。

第四，对典型酒店企业进行调查，了解行业发展动态及酒店方的意见和建议。

第五，对近年来的专业人才培养模式改革所积累的经验进行提炼总结。

（二）研究方法

1. 文献研究法

通过查阅国内外有关职业院校人才培养模式研究方面的文献，为本书的研究奠定了基础。

2. 调查研究法

一方面，通过采用典型调查法，选取了重庆北碚悦榕庄、重庆希尔顿逸林酒店、重庆心景酒店等一定数量的典型酒店企业作为调查对象，来调查企业对专业人才培养模式改革的意见、建议和态度等。另一方面，通过问卷来调查学生对酒店管理专业人才培养模式改革和建设的意见、就业对口率及职业发展规划等。

通过对酒店企业和学生调查关于人才培养模式改革的相关意见等情况，为顺利实施酒店管理专业现代学徒制人才培养模式打下了良好基础。

3. 实证分析法

以重庆工业职业技术学院的酒店管理专业的人才培养模式改革为案例，对实际操作过程中的人才培养改革的实践经验进行分析总结，为我国高职院校的人才培养模式改革提供参考和借鉴。

四、研究理论依据

基于现代学徒制理念的人才培养模式改革，研究依据主要包括：产业集群理论、体验性学习理论和教育与生产劳动相结合理论等。

（一）产业集群理论

产业集群理论是20世纪20年代出现的一种西方经济理论。20世纪90年代美国哈佛商学院的竞争战略和国际竞争领域研究权威学者麦克尔·波特创立了产业集群理论。其含义是：在一个特定区域的一个特别领域，集聚着一组相互关联的公司、供应商、关联产业和专门化的制度和协会，通过这种区域集聚形成有效的市场竞争，构建出专业化生产要素优化集聚洼地，使企业共享区域公共设施、市场环境和外部经济，降低信息交流和物流成本，形成区域集聚效应、规模效应、外部效应和区域竞争力。

根据此理论，高职现代学徒制人才培养模式在进行改革时，需要学校、企业、学生和政府四方联动，聚集四方的力量。

（二）体验性学习理论

体验性教学基于人的完整生命的成长，主张教学不仅要让学生对知识进行认知、积累和加工，而且要让他们通过体验与反省，使知识进入自己的内心世界，与自己的生活境遇和人生经验融化在一起。单纯的认识知识并不能领悟知识的内在意蕴，不能体验到知识的生命意义，而"人们在掌握知识时，如果没有理解意义，那么，在知识被淡忘以后，它就很难留下什么；如果人们在学习知识时理解了它对生命的意义，即使知识已被遗忘，这种意义定可以永远地融合在生命之中"。体验性教学是让学生的认知、情感、意志、态度等都参与到学习中来，使学生在认识知识的同时感受和体验知识的内在意蕴，获得精神的丰富和完整生命的成长。现代学徒制的一个显著特点即"招生即招工"，要求学生要到企业进行跟岗学习，学校教师要把课堂搬到酒店，进行体验性教学。

（三）教育与生产劳动相结合理论

教育与生产劳动相结合，是教育思想史上的重要课题之一。早在资本主义萌芽初期，有些进步思想家和教育家就产生了有关教育同生产劳动相结合的朴素思想。例如，16世纪初，英国早期空想社会主义者托马斯·莫尔（Thomas More，1478～1535年）就主张"从小就学习农业，部分是在学校接受理论，部分是在城市附近的田地里实习……除从事农业外，还须学一种手艺作为专门职业"。17世纪英国早期经济学家约翰·贝勒斯（John bellers，1654～1725年）指出："不与体力劳动相结合的教学略胜于不学""游手好闲的学习并不比学习游手好闲好……劳动给生命之灯添油，而思想把灯点燃……愚笨的儿童劳动……会使儿童的心灵愚笨。"因而，马克思称贝勒斯为"政治经济学史上一个真正非凡的人物"。其后的18世纪法国民主主义者、资产阶级启蒙思想家卢梭（J. J Rousseau，1712～1778年）也提倡既要学习，又要劳动，并且称不劳而食和游手好闲的人是流氓，是骗子。而裴斯泰洛齐（J. H. Pestalozzi，1746～1827年）不仅明确提出"使功课劳作合一，提倡职业训练"和"学习与手工劳动相联系，学校与工场相联系，使它们合而为一"的主张，而且还亲自创办了孤儿院和学校，进行教育与生产劳动相结合的实验。特别是19世纪英国的伟大空想社会主义者罗伯特·欧文（Robert Owen，1771～1858年），他不但认为"从原则上讲，人类劳动或人类所运用的体力与脑力的结合是自然的价值标准"，而且亲自创办了在当时较为现代化的工厂和新型学校，把他的思想付诸实践。如1800年欧文在新拉纳克棉纺厂设立学校，进行教育同生产劳动相结合的尝试，持续了30年之久，1823年又在美国印第安纳州建立起著名的"新和谐村"也取得了很大成就。马克思对欧文的实验曾给予很高评价，认为从他的工厂实验中"萌发了未来教育的幼芽"。

马克思和恩格斯批判地继承了历史上有关教育与生产劳动相结合的优秀思想遗产，揭示了教育与生产劳动相结合的客观规律，建立了马克思主义的教育与生产劳动相结合的原理，全面分析了资本主义发展的历史，指明教育与生产劳动相结合是现代生产的必然趋势。酒店管理专业现代学徒制人才培养模式要求学生必须到酒店进行劳动，通过实践锻炼来掌握具体的操作技能。

上述三种理论思想，为高职院校开展基于现代学徒制理念下的专业改革提供了理论依据和启发。

五、基本概念界定

本文研究内容涉及一些概念，其中一些概念争议较大且对本文研究至关重要。因此，在对本文进行深入研究之前，必须对这些重要概念进行界定，以免造成研究内容和结论出现偏差。

（一）人才培养模式

高等职业教育人才培养模式既是高职教育的基本问题，也是高职教育改革的关键问题。但是究竟什么是高等职业教育人才培养模式？其构成要素是什么？它又有哪些特点？对于这些问题，目前还没有统一、权威的定义，人们往往议论纷纷，莫衷一是。

1. 一般意义上的人才培养模式

教育部于1998年召开的第一次全国普通高校教学工作会议的主文件《关于深化教学改革，培养适应21世纪需要的高质量人才的意见》中指出：人才培养模式是学校为学生构建的知识、能力、素质结构，以及实现这种结构的方式。它从根本上规定了人才特征并集中体现了教育思想和教育观念。这实质上是从培养目标、培养规格和培养方式三个方面来给"人才培养模式"下的定义。

随着理论研究的不断深入，关于人才培养模式内涵的理解，见仁见智，众说纷纭。到目前为止，有关人才培养模式内涵研究颇具代表性的观点主要有以下几种。第一种：培养模式是以某种教育思想、教育理论为依托建立起来的既简约又完整的范型，可供学校教育工作者在人才培养活动中据以进行有序的实际操作、实现培养目标。它主要包括专业设置、课程模式、教学设计和教育方法等构成要素。这种界定将人才培养模式仅限于教学模式这个范围内。第二种：人才培养模式是指在一定的教育理论、教育思想指导下，按照特定的培养目标和人才规格，以相对稳定的教学内容和课程体系、管理制度和评估方式，实施人才培养的过程的总和。它由培养目标、培养制度、培养过程和培养评价四个方面组成。第三种：人才培养模式是指在一定的教育思想和理念指导下，以人才培养活动为本体，为实现培养目标所设计形成的整个培养过程，包括从规划设计、目标确定、实施计划以及过程管理的整个过程。在后两个界定中，人才培养模式涉及了人才培养整个环节，包括了人才培养过程中各项环境、条件等因素，是对人才培养模式宏观上的把握。

2. 高职人才培养模式的概念与内涵

目前对于高职教育人才模式的理解主要包括如下三种情况：第一种是狭义说，把人才培养模式简单地理解为教学模式；第二种是广义说，从教学与管理的角度，把人才培养模式理解为在一定教育思想或教育观念的指导下，对培养目标和培养规格、培养过程、培养方法和途径、培养管理及培养条件和环境进行系统组合；第三种是泛化说，从整个教育活动的范畴综合理解高职教育人才培养模式，其中甚至涉及办学模式等多种因素。[①]

这三种理解，虽然第一种理解并不全面，但影响甚大，因为教学是教育的核心要素。第三种理解过于宏观，难以产生直接的现实意义，因而通常被认为是对于人才培养模式的泛化理解。只有第二种理解最为全面，可以直接指导具体的教育实践，本书对高职人才培养模式改革的研究也是基于第二种理解。

（二）工学结合

"工学结合""产学研合作""产教结合""校企合作"均是主谓结构，属主谓词语。"结合"和"合作"是谓语，谓语的动词词性决定了动词"结合""合作"的主语必须是双主体。"产学研""产教""工学""校企"是主语，在这些主语中又存在着并列关系，即"产"与"学"或"学研"并列，"工"与"学"并列，"校"与"企"并列，也就是说这些概念的主语是双主体。这些概念的双主体性体现出他们的词面义与整个词义的同一性，即教育与生产劳动相结合，他们都有两层基本的含义：第一层是教育与生产劳动相结合的本质含义，即知识和劳动的结合，强调的是过程的结合；第二层是教育与生产劳动相结合的形式，即产业界与教育部门或院校与企业的结合、合作，强调的是对象的结合。[②]

"工读交替"也是主谓结构，主语中存在并列关系，但这里"工"和"读"的指向均是学生，即学生工作和读书交替进行，因此概念的主体只有一个，即学生。"半工半读"概念的结构与上述其他概念不同，是由两个动词构成的动词词语，其含义是边工作边读书，或一半时间工作、一半时间读书，它的主语只能是学生。所以，"工读交替"和"半工半读"这两个概念均是单主体概念，它们虽然与教育与生产劳动相结合具有同一性，但只具有第一层含义，即生产或工作与学习相结合，不含有对象结合的意义，是"产学研合作""产教结合""校企合作""工学结合"的下位概念。

"工学结合""产教结合""校企合作""半工半读"这些概念的使用是随着社会的发展而变化的。在不同的社会发展时期有着不同的内涵和外延，它们不是

① 张朝晖. 紧扣培养目标，创新高职教育人才培养模式[J].青岛职业技术学院学报，2007，20（z1）：88-91.
② 成有信. 教育与生产劳动相结合问题新探索[M].长沙：湖南教育出版社，1998.

彼此完全相同的概念，在使用时是有一定区别的，不加区别地将这些概念相互通用或替换使用都是不恰当的。

（三）现代学徒制

现代学徒制是中华人民共和国教育部于2014年提出的一项旨在深化产教融合、校企合作，进一步完善校企合作的育人机制，是创新技术技能人才培养模式。

1. 发展历程

2014年2月26日，李克强总理主持召开国务院常务会议，确定了加快发展现代职业教育的任务措施，提出"开展校企联合招生、联合培养的现代学徒制试点"。《国务院关于加快发展现代职业教育的决定》对"开展校企联合招生、联合培养的现代学徒制试点，完善支持政策，推进校企一体化育人"做出具体要求，标志着现代学徒制已经成为国家人力资源开发的重要战略。

2014年8月，教育部印发《关于开展现代学徒制试点工作的意见》，制订了工作方案。

2015年7月24日，人力资源和社会保障部、财政部联合印发了《关于开展企业新型学徒制试点工作的通知》，对以企业为主导开展的学徒制进行了安排。发改委、教育部、人社部联合国家开发银行印发了《老工业基地产业转型技术技能人才双元培育改革试点方案》，其核心内容也是校企合作育人。

2015年8月5日，教育部遴选了165家单位作为首批现代学徒制试点单位和行业试点牵头单位。

2017年8月23日，教育部确定了第二批203个现代学徒制试点单位。

2018年3月16日，教育部部长陈宝生就"努力让每个孩子都能享有公平而有质量的教育"遴选了第二批203个单位开展试点，现在是366个，叫作现代学徒制试点。

2. 重要意义

现代学徒制有利于促进行业、企业参与职业教育人才培养全过程，实现专业设置与产业需求对接，课程内容与职业标准对接，教学过程与生产过程对接，毕业证书与职业资格证书对接，职业教育与终身学习对接，提高人才培养质量和针对性。建立现代学徒制是职业教育主动服务当前经济社会发展要求，推动职业教育体系和劳动就业体系互动发展，打通和拓宽技术技能人才培养和成长通道，推进现代职业教育体系建设的战略选择；是深化产教融合、校企合作，推进工学结合、知行合一的有效途径；是全面实施素质教育，把提高职业技能和培养职业精神高度融合，培养学生社会责任感、创新精神、实践能力的重要举措。各地要高度重视现代学徒制试点工作，加大支持力度，大胆探索实践，着力构建现代学徒制培养体系，全面提升技术技能人才的培养能力和水平。

3. 现代学徒制内涵

（1）积极推进招生与招工一体化。

招生与招工一体化是开展现代学徒制试点工作的基础。要积极开展"招生即招工、入校即入厂、校企联合培养"的现代学徒制试点，加强对中等和高等职业教育招生工作的统筹协调，扩大试点院校的招生自主权，推动试点院校根据合作企业需求，与合作企业共同研制招生与招工方案，扩大招生范围，改革考核方式、内容和录取办法。

（2）深化工学结合人才培养模式改革。

工学结合人才培养模式改革是开展现代学徒制试点工作的核心内容。引导职业院校与合作企业根据技术技能人才成长规律和工作岗位的实际需要，共同研制人才培养方案、开发课程和教材、设计实施教学、组织考核评价、开展教学研究等。校企应签订合作协议，职业院校承担系统的专业知识学习和技能训练；企业通过师傅带徒的形式，依据培养方案进行岗位技能训练，真正实现校企一体化育人。

（3）加强专兼结合师资队伍建设。

校企共建师资队伍是开展现代学徒制试点工作的重要任务。现代学徒制的教学任务必须由学校教师和企业师傅共同承担，形成双导师制。各地要促进校企双方密切合作，打破现有教师编制和用工制度的束缚，探索建立教师流动编制或设立兼职教师岗位，加大学校与企业之间人员互聘共用、双向挂职锻炼、横向联合技术研发和专业建设的力度。合作企业要选拔优秀高技能人才担任师傅，明确师傅的责任和待遇，师傅承担的教学任务应纳入考核，并可享受带徒津贴。试点院校要将指导教师的企业实践和技术服务纳入教师考核并作为晋升专业技术职务的重要依据。

（4）形成与现代学徒制相适应的教学管理与运行机制。

科学合理的教学管理与运行机制是开展现代学徒制试点工作的重要保障。要切实推动试点院校与合作企业，根据现代学徒制的特点，共同建立教学运行与质量监控体系，共同加强过程管理。指导合作企业制定专门的学徒管理办法，保证学徒基本权益；根据教学需要，合理安排学徒岗位，分配工作任务。院校要根据学徒培养工学交替的特点，实行弹性学制或学分制，创新和完善教学管理与运行机制，探索全日制学历教育的多种实现形式。试点院校和合作企业共同实施考核评价，将学徒岗位工作任务完成情况纳入考核范围。

六、创新点

本书的创新点和理论价值主要体现在如下八个方面：

（一）重视立德树人，创新形成"1＋3＋3＋3＋6"课程思政工作思路

积极贯彻党中央和习近平总书记的有关要求，高度重视立德树人，改变传统的只重视传授专业技能的不良倾向。通过德育竞赛、三下乡活动、社团德育活动等多种方式，建立立德树人的立体培养网络，创新形成"1＋3＋3＋3＋6"课程思政工作思路，全面推进课程思政工作。"1"是指以习近平中国特色社会主义思想为一条指导主线；3个"3"分别指由学校、二级学院及教研室组成的课程思政三级领导保障体系，3分钟的课程思政内容，3分以上的期末专业思政考核分；"6"是指成立由专业课教师、思政课教师、学生、学生家长、企业专家及教育专家六方组成的课程思政小组。

（二）深化校企合作，创新推进"一站式"招生、招工与就业

学校和酒店联合招生，使招生、招工与就业一体化。成立酒店管理专业现代学徒制班，学生在入学后和重庆悦来温德姆酒店（五星级）、重庆北碚悦榕庄（国际顶级度假村）等合作企业签订现代学徒制联合培养协议，自第一学年起即成为其酒店准员工，并由酒店方为学徒购买雇主责任险和计算工龄，毕业经考核合格后成为正式员工。

（三）加强工学结合，创新实施"2＋1"现代学徒制人才培养模式

酒店管理专业自2005年起，就联合行业高端酒店不断对人才培养模式进行改革和创新，先后创新实施了"3＋2"工学交替人才培养模式、"前半期＋后半期"双轨制人才培养模式和"2＋1"现代学徒制人才培养模式。

（四）加大投入力度，创新打造"雁形"高素质专兼结合师资队伍

（1）校企共建师资队伍，兼职教师的比例达到60%。以专业带头人（校内专职教师和酒店高管各1名）和骨干教师（共6名）为中心，分别成立"教学名师团队""科技创新团队"及"专业建设团队"，每个团队建设以三年为一个建设周期，每个建设周期的建设经费为20万元。此外，先后派5名教师到澳大利亚、英国等地进行学习培训。

（2）由学校教师和酒店师傅共同承担专业课的理论教学及实习实训。学生入校后即实行双导师制，形成紧密的"1+5+4" 新型师徒关系，即1名酒店导师指导5名以下的学徒，指导内容包括专业实践、职业生涯规划、生活起居及思政政治教育四个方面。酒店导师是由服务和管理经验丰富的领班以上管理层担任，并给予相应津贴。

（3）打破现有教师编制和用工制度的束缚，建立兼职教师岗位，加大学校与酒店之间人员互聘共用、双向挂职锻炼、横向联合技术研发和专业建设的力度。学校每年选派1至2名专业教师到酒店进行为期半年的挂职锻炼，同时执行学校的"311"企业社会实践制度。此外，酒店和学校陆续联合完成"酒店发展前景分析""酒店产品开发及营销"以及教科研项目，累计到账金额200余万元。

（4）学校先后出台《重庆工业职业技术学院职称评审量化计分标准（修订）》《重庆工业职业技术学院教职工社会实践管理办法（修订）》等相关制度，将指导教师的企业实践和技术服务纳入教师考核并作为晋升专业技术职务的重要依据。

（五）科学协同调研，创新建立"双元智慧"教学管理与运行保障机制

（1）根据现代学徒制的特点，通过与合作酒店的深入调研，创新建立"双元智慧"教学管理与运行保障机制，共同加强过程管理。先后建立"2+1"学徒管理办法、"2+1"教师教学考核管理办法、"2+1"教师课时费管理办法、"2+1"班主任管理办法等。此外，通过学校大数据信息中心，建立智慧教学管理平台，实现对学生的课堂出勤、作业、实习实训，以及教师的课堂教学活动、信息化教学手段运用等进行智能监控与管理。

（2）合理安排学徒岗位，分配工作任务。学生在大三跟岗实习和顶岗实习阶

段，要分别到酒店前厅部、客房部及餐饮部的相应岗位进行轮训。

（3）实行"学分银行"，学生学完一门课就计一定的学分，参加技能培训、考证，只要完成人才培养方案规定的学分即可毕业。

（4）和合作酒店共同实施考核评价，将学徒岗位工作任务完成情况纳入考核范围，共同建立了一套工学结合教学模式下的校企双向考核机制。酒店以其工作流程及标准、校企合作协议规定的相关制度为评价依据，学校以教学管理制度、学生管理制度为评价依据，分别对学生在酒店的岗位实践表现和在校表现进行考核。

（六）改革课程设置，创新构建基于典型工作过程的"基础能力与职业能力渐进式"课程体系

改革原有的学科课程设置模式，创新构建了基于典型工作过程的"基础能力与职业能力渐进式"课程体系。该课程体系由"基础能力培养系统""核心职业能力培养系统""复合职业能力培养系统"3个子系统组成。

（七）明确校企权益，创新完善"命运共同体"校企协同育人机制

（1）通过建立校企现代学徒制合作理事会，明确校企双方的权益、职责与分工，推进校企紧密合作，创新完善"命运共同体"校企协同育人机制。

（2）完善校企联合招生、共同培养、多方参与评价的双主体育人机制。

（3）建立人才培养成本分担机制，统筹利用好校内实训场所、公共实训中心和酒店实习岗位等教学资源。参照国际化酒店标准，校企共同投资1000余万元，进行校内实训基地的建设，建成了符合酒店运作实际、具备了生产性实训功能的校内实训基地，包括酒吧、餐厅和招待所等。

（八）借鉴德澳经验，创新制定"国际"人才培养制度和标准

按照"合作共赢、职责共担"原则，通过借鉴德国和澳大利亚先进职业教育经验，学校和重庆悦来温德姆酒店、重庆北碚悦榕庄等合作酒店共同制定完成了对接国际标准的"2+1"现代学徒制人才培养方案、专业教学标准、课程标准、岗位技术标准、师傅标准、质量监控标准及相应实施方案，并合作开发了基于岗位工作内容、融入国家职业资格标准的专业教学内容和教材。

第二章　美国康奈尔大学酒店管理专业人才培养经验借鉴

一、美国康奈尔大学概述

康奈尔大学（Cornell University），位于美国纽约州伊萨卡，是一所世界著名的私立研究型大学（另有两所分校位于纽约市和卡塔尔教育城），为美国大学协会的十四个创始院校之一，以及著名的体育赛事联盟常春藤盟校的八个成员之一。

康奈尔大学由埃兹拉·康奈尔和安德鲁·迪克森·怀特于1865年建立，是常春藤八盟校中唯一创建于美国独立战争之后的新生力量，其办学理念曾影响了整个美国高等教育，办学规模为当时全美高校之最。康奈尔大学的立校之本是任何人都有获得教育的平等权利，是常春藤盟校中第一所实行性别平等的男女合校大学，在招生录取上最早实行不计贵族身份，不分信仰和种族，并以创建学科齐全、包罗万象的新型综合性大学为建校宗旨，因而该校被誉为美国历史上第一所具有真正意义的全民大学。康奈尔大学是一所采用公私合营的办学模式的大学，最初以农工学院为特色而起家，其酒店管理学院、工业与劳工关系学院为全美首创。康奈尔大学的传统优势专业包括农业、兽医、工科、劳工关系、文理、经济、建筑、教育、商科、传媒以及酒店管理等。

截至到2018年，共有58位康奈尔大学的校友或教研人员曾荣获诺贝尔奖，在全球高校中列第十二位，居全美第十位。康奈尔大学名列2017～2018年US News全美大学本科排名第14，2017年世界大学排名机构CWUR排名世界第12，2017年世界大学学术排名世界第13，2018年QS世界大学排名世界第14，泰晤士高等教育世界大学排名世界第19，US News世界大学排名世界第23。

学院设置：农业与生命科学学院（州立），兽医学院（州立），建筑、艺术和规划学院，文理学院，计算机与信息科学学院，工程学院，理工分校（Cornell Tech，纽约市校区），研究生学院，商学院，法学院，医学院（纽约市校区、卡塔尔校区），酒店管理学院，人类生态学院（州立），工业与劳动关系学院（州立）。继续教育学院与夏季学期学院则向高中毕业生、专业人员及其他成人提供教育。其他独立的部门有公共事务教研所和作为美国陆海空军官教育基地的康奈尔军事科学学部。

二、美国康奈尔大学酒店管理专业人才培养举措

（一）美国康奈尔大学酒店管理专业概况

美国康奈尔大学酒店管理学院（Cornell University School of Hotel Administration）创立于1922年，是美国大学中第一个专攻酒店管理学的院系。学院在酒店管理业内享有极高的声誉和重要的地位，为全球最大的服务产业培养出了一代又一代的人才。学院教学实力在全美同类院校中排名领先，并吸引了优秀的酒店业教职和研究人员。在2016年全美大学专业排名中，美国康奈尔大学酒店管理学位居全美第一，如表2-1所示。其综合实力和瑞士洛桑酒店管理学院酒店管理专业并驾齐驱，是全球最知名的两个酒店管理专业。

表2-1　2016年全美大学专业排名

专业领域	最佳专业排名	薪资排名	性价比排名	最受欢迎排名	教育资源排名
公共管理与社会服务学	11				
公共政策学		2		9	
农业与农业运作				5	15
农业商务与经济学	1	1		2	2
农业（综合）		1		5	
动物学	1	1		12	
食品科学与技术	1	1			
历史（领域）		2		123	
历史	6	2		123	
哲学与宗教研究		8		100	
哲学	22	6		61	
宗教研究		8			
商业，管理与市场营销学	17	31		213	
人力资源管理学		1		6	44

续表

专业领域	最佳专业排名	薪资排名	性价比排名	最受欢迎排名	教育资源排名
酒店管理学	1	1		9	29
地域、种族、文化、性别和群体研究学		7		31	
地域研究学	8	8		16	
外国文学与语言学	24	9		143	
日耳曼语学		3			
罗曼语言学	7	8			
多/跨学科研究		19		115	
营养学	1	1			
家庭、消费者与人文科学		2			
人类发展与家庭研究学	2	1			
工程学		11		33	71
农业工程学	1	1		2	1
化学工程学	7	15		14	
土木工程学		4			
工程物理学				2	
机械工程学		8		41	
材料工程学	2	2		5	
环境工程学		2			
电力工程学	3	8		49	
运筹学				1	
建筑学及相关科学	1	8		12	
园林建筑学	1				
城市与区域规划学	1	1			
建筑学（综合）					
心理学		4			
心理学（综合）		5			
教育学					
教师教育与发展（具体学科）		2			
数学与统计学	36	8		60	
数学	5	5		46	

续表

专业领域	最佳专业排名	薪资排名	性价比排名	最受欢迎排名	教育资源排名
数学与统计学		5			
文学/科学与人文学		1			
文学与常识研究学	2	1			
物理学	11	10		46	
化学		7		41	
地质与地学	13	6			
大气与气象科学		1			
物理	6	5		22	
生物与生物医学		11		33	103
动物学	3	1			
生物与生物医药学				3	
生物学（综合）	22	7		24	159
生物数学与生物信息学				1	6
社会学		11		86	
人类学	24	7			
政治科学与政府学		27		81	
社会学	13	16		113	
经济学		9		28	105
自然资源与保育				47	
自然资源保育学				27	
英语文学与语言学		13		178	
英语与文学（综合）	17	15		147	
视觉及表演艺术学		3			
戏剧艺术		3			
电影、视频与摄影艺术		7			
美术与艺术管理	7	3		145	
音乐		9			
计算机与信息科学	24	15		63	
计算机科学		11		14	68
计算机系统信息学		5		112	
通信与新闻学		7			
通信与传媒研究学	6	7			

（二）美国康奈尔大学酒店管理专业人才培养举措

1. 秉持"产教结合"和"广博精深结合"理念

康奈尔大学的酒店管理教育延续"康奈尔计划"的核心思想，体现自由教育与专业教育、个人发展与服务社会的完美结合。[①]其主要表现为植根于扎实的核心商业与管理基础，秉持"产教结合""广博精深结合"的理念，尊重学生个性发展，理论结合实践全环节渗透，以工作素养为导向设计课程。

2. 组建行业经验丰富的师资队伍

学院教师均是酒店行业专家，与酒店产业有紧密的联系，能够带领学生们将理论与实践融合。

教师分会计、雇佣关系、人力资源与法律、企业家精神、金融、餐饮管理、信息系统、管理沟通、管理与组织行为、资产发展与管理、房地产、烘焙、服务营销、服务运营管理及战略管理等15个教学方向。团队兼具理论素养和行业背景，包括行业专家、业界管理者，与业界建立密切联系，在专业组织任职，发声于行业与学术会议，担任酒店项目顾问，站在各个领域前沿，并将前沿知识在课堂传授给学生。教学团队兼具同样优秀的科研能力，是前沿研究方面的专家，在战略、管理和经营实践研究领域取得了众多研究成果。

3. 打造全球一流的校内外实训基地

学校不但有万豪学生学习中心（Marriott Student Learning Center，2012年）和罗伯特简贝克中心（Robert A. and Jan M. Beck Center，2004年），而且修建了斯塔特勒酒店（Statler Hotel），彰显了康奈尔大学作为世界知名的酒店管理学院的地位。斯塔特勒酒店（Statler Hotel）定位为"教学酒店"，集成了多种酒店经营课程，并为学生提供了相关工作机会。

4. 设计职业岗位能力本位的课程体系和专业知识网

康奈尔建立了以职业岗位能力为本位的课程体系和专业知识网，以商业课程体为核心，同时设置了大量的选修课程，涵盖从战略到规划、从设计到建设、从融资到营销、从管理到操作的酒店管理设计的各个层面。学生需要修完21门商务与酒

---

① 路宝利. 论"康奈尔计划"自由教育与实用教育的统一[J]. 河北科技师范学院学报（社会科学版），2010
　　（2）：49-52.

店管理核心课，还要从酒店管理学院90多门选修课程选修至少14学分。选修课程体现了对核心课进行的拓展和细化，如核心课程的餐饮管理模块，在选修课板块中设置了饭店管理战术与战略、酒知识、食酒搭配、当代健康食品、餐饮业产品开发、水疗与水疗酒店等14门细分课程。同时，为了扩展和强化思维的智力与分析基础，还要选修校内非酒店管理学院的限定选修课。[①]

---

① 丁新军.北美与欧洲酒店管理本科教育模式的比较分析与启示——以康奈尔大学酒店管理学院与洛桑酒店管理学院为例[J].四川旅游学院学报，2016（5）：85-88.

第三章　重庆工业职业技术学院酒店管理专业人才培养模式改革举措

　　重庆工业职业技术学院酒店管理专业通过借鉴美国康奈尔大学酒店管理专业在人才培养方面的先进经验，在学校的大力支持下，对专业不断加大改革力度，在人才培养模式创新、课程改革、实训室、师资队伍建设和人才培养方案修订等方面实施了一系列改革举措。

一、重庆工业职业技术学院酒店管理专业概况

（一）学校概况

　　重庆工业职业技术学院是经重庆市人民政府批准、教育部备案、独立设置的全日制公办普通高等院校。学校是全国首批28所国家示范性高职院校，国家优质高等职业院校，首批国家"十三五"产教融合发展工程规划项目学校。2019～2020年中国高职高专院校竞争力排行榜（中国教育质量评价中心、武汉大学中国科学评价研究中心、杭州电子科技大学中国科教评价研究院和《中国科教评价网》联合研发）中，学校获得"5*＋"好评（全国高职高专院校前1%），位列全国第10位，西南地区第1名。

　　学校占地85.85万平方米，建筑面积32.4万平方米。其固定资产原值14.93亿元，其中教学科研仪器设备1.64亿。现有校内实训（中心）基地27个，校外实训基地200余个，已建成国家级实训基地6个，其中中央财政支持的职业教育实训基地（中心）4个，重庆市装备制造业实训基地等市级实训基地8个。智能制造共享实训基地被列为重庆市高等职业教育共享实训基地建设项目。图书馆藏纸质图书98万余册，电子图书36万余册，电子专业期刊6000余册。

　　学校现有教职员工739人，其中专任教师591人，正高职称65人，副高以上职称

224人，专任教师中具有硕士学位及以上的358人，其中博士55人，双师型教师476人，聘请企业、行业的管理人员、专业技术人员和高技能人才的兼职师资队伍412人。学校拥有国家级教学团队1个，全国高校首批黄大年式教师团队1个。拥有国家"万人计划"教学名师1人，全国第五届黄炎培杰出教师1人，市级教学名师1人，重庆市高校中青年骨干教师4人，重庆市优秀教师2人，重庆市技术能手2人。

学校现设有机械工程学院、车辆工程学院、智能制造技术学院、信息工程学院、财经学院、建筑工程与艺术设计学院、管理与航空服务学院、化学与制药工程学院、马克思主义学院（思想政治理论课教学研究部）、通识教育学院（体育工作部）等10个二级学院和教学单位，招生专业52个。其中，国家示范专业等国家级专业9个，市级骨干专业等市级专业14个。主体专业与国家重点产业、重庆支柱产业、战略新兴产业、两江新区"3331"产业契合度达92.5%。学校建有国家级精品课程3门，国家级精品资源共享课程1门，国家级专业教学资源库建设项目6个。

学校以人才培养作为中心工作，坚持德技并重、分级分类培养。大力培育工匠精神，创新"三为"育人理念，引导学生踏实为人、用心为事、积极为业，引导学生为有品德之人，有品质之人，有品位之人。学校深入推进"现代学徒制""三位一体"等人才培养模式改革，大力推进产教融合、校企合作，为学生搭建了专业能力提升、技术技能创新、创业教育服务、综合素质提高四大平台，先后荣获国家教育教学成果奖3项，学校获重庆市教育教学成果奖13项，全国职业院校技能大赛一、二、三等奖227个，其中一等奖36个。重庆市职业院校技能大赛一、二、三等奖327个，其中一等奖104个，获奖总数在重庆市高职院校中名列前茅。学校已累计培养10万余名毕业生。近年，毕业生就业率、用人单位对毕业生满意度均在98%以上，多项人才培养质量指标位居全国高职院校前列，深受用人单位欢迎。近千名毕业生进入中国工程物理研究院等全国顶尖级科研单位和知名企业，30余名毕业生作为企业技术代表赴"一带一路"沿线国家开展技术服务。学校就业质量高，毕业生质量获得用人单位一致认可。

学校先后开展了120多项国际合作项目，组织教师赴海外研修300多人次，140余名教师获得海外师资格证书。实施联合培养项目5个，引进国际职业资格证书7个。积极响应国家"一带一路"战略，在俄罗斯设立中国首个职教领域海外"鲁班工作坊"，在埃塞俄比亚挂牌成立"中埃人才培养基地"。学校组织220余名学生先后赴国（境）外开展游学、交换、带薪实习等，吸引90多名留学生来校进修学习。同时，学校还是教育部"百千万交流计划"院校之一，是中国教育国际交流协会职业技能教育国际交流分会理事单位，被重庆市教委评为市属公办高校国际交流合作示范校，是重庆高职教育国际合作联盟理事长单位。

学校积极开展产教融合、校企合作，广泛开展各类社会服务。学校紧密对接30余个区县、200多家企业、100余所中高职学校，以国家示范技能鉴定所、科技创新平台、成果转移转化平台、实习实训平台等为依托，广泛开展技术技能培训、技能鉴定和技术服务等。学校承接长安工业（集团）有限责任公司等市内外大中型企业的技术服务近百项，解决了大量企业生产技术难题，大大提高了生产效率，得到合作企业的高度认可；承接社会培训量32万人次，培训收入达2073万，全力打造出"重工培训"品牌。同时，与阿里云、长安集团、成飞集团、华为、重庆长江航运集团、重庆康明斯发动机有限公司等200余家知名企业建立了紧密的校企合作关系，在教材建设、课程置换、师资培养、实习就业等领域进行深入合作。

建校60余年来，学校始终坚持社会主义办学方向，以立德树人为根本，秉承"工成于思，业精于勤"的校训，坚持"以行业为先导，以能力为本位，以学生为中心，以就业为目标"的办学理念，立足重庆，服务全国，走向世界，朝着特色鲜明的"全国一流、国际先进水平"高等职业院校阔步前进。

（二）酒店管理专业及所属学院概况

酒店管理专业是重庆市财政重点支持的国家示范院校建设专业，在校生每年保持在300人左右，隶属于管理与航空服务学院。

该院目前有物流管理、航空物流、报关与国际货运、连锁经营管理、电子商务、酒店管理、旅游管理、空中乘务等8个专业，在校生1700余人。学院首批入驻学校与重庆力帆实业集团股份有限公司共建的俄罗斯分公司"鲁班工作坊"，并参加了学校与力帆集团埃塞俄比亚分公司共建的"中埃人才培养基地"工作。

学院秉持"商之道，礼先行"的专业文化理念，致力于临空现代服务业人才的培养。学院拥有一支高素质、高学历的师资队伍，现有专职教师40余人，行业兼职教师50余人；副高以上职称10余人，博士、硕士学历30余人；双师型教师比例达到100%，具有海外学习、培训、工作经历教师10余人；1人入选国家旅游局"万名旅游英才计划"，1人入选"第五批重庆市高等学校优秀人才计划"，1人荣获"重庆最美教师"荣誉称号。学校建有现代物流实训中心、电子商务综合实训室、物流管理软件模拟综合实训室、企业经营沙盘实训室、报关软件模拟综合实训室、大通关综合实训室、客房实训室、酒吧实训室、中西餐实训室、形体礼仪实训室、客舱安全及急救实训室、职业形象实训室及机场安检通道实训室等近20个校内实训场所，以及重庆安吉红岩物流有限公司、重庆民生国际货运代理有限公司、永辉超市、阿里巴巴、京东商城、重庆北碚悦榕庄、重庆悦来温德姆酒店、重庆机场集团及重庆长江轮船公司船员公司等30余个行业知名的校外实习基地。

近年来，学院在全国高职院校技能大赛中先后荣获全国报关技能大赛一等奖、全国首届保税物流大赛一等奖、全国条码知识竞赛个人赛一等奖、全国"中餐主题宴会设计"技能大赛二等奖、第三届中国零售新星大赛全国三等奖、全国电子商务技能赛项三等奖、中国第三届零售新星大赛团体三等奖及全国企业经营管理沙盘大赛三等奖等殊荣。学校还成为重庆唯一的全国报关职业教育教学指导委员会委员单位、重庆物流与供应链协会教育专委会副主任单位、重庆报关协会副会长单位及中国职业技术教育学会教学工作委员会职业教育现代服务与艺术教育类教学研究中心（旅游）委员，建立了重庆市唯一国际货运代理从业人员资格考试考培点和中国对外贸易经济合作企业协会授予的"跨境电子商务师资培训基地"，已与重庆市渝北区人力资源与社会保障局、垫江县人民政府等建立稳定的合作关系。

近五年，学校毕业生就业率一直保持在98%以上。此外，学院已经与英国、德国、澳大利亚、韩国、泰国、阿联酋、新加坡、卡塔尔、中国澳门等国内外大学和企业建立起了合作关系，各专业学生通过考核可到海外合作公立大学就读本科、硕士，也可到上述国家或地区的五星级酒店、机场免税店、旅行社、乐园、购物中心等实习就业。

二、酒店业发展现状及趋势

（一）国际酒店业发展现状及趋势

国际酒店业在20世纪的发展速度、规模及其档次，都是前所未有的。"巨无霸"饭店（客房超过5000间）、智能化饭店都是在20世纪出现的。因此，全球酒店在20世纪真正形成了一个庞大的产业，其投入总量与产出总量，均已超出全球钢铁行业。在管理方面，酒店业的集团化与标准化已经完成，假日、喜来登、希尔顿、雅高、富特、香格里拉、凯悦等一批酒店管理公司已各自形成一批巨型酒店集团。

酒店管理公司标准、酒店行业标准、国家星级标准等，相得益彰，互为促进，并互为接轨，引导和促进了全球酒店业的发展。科学技术的发展，改变了世界的面貌，也改变了世界酒店业的面貌。新材料、新设备、新技术赋予酒店业新的观念和新的感觉，管理更新与服务更新，将是21世纪全球酒店业面临的两个基本问题。

21世纪全球酒店业将有一个更大的发展财富的增长，为全球酒店业的发展提供了坚实的经济基础。世界局势的长期缓和，保障了世界酒店业的持续发展。而世界旅游业的稳定发展，则为世界酒店业的大发展带来直接的机会。为适应旅游的需求，全球交通运输条件的改善——快捷、舒适、安全，将源源不断地为全球酒店业输送客源，注入资本，刺激全球酒店业不停地调整自己，抓住发展机遇。如喜达屋酒店与度假酒店国际集团旗下喜来登酒店及度假村，2016年宣布将继续积极推进"喜来登2020"计划并持续发力亚太市场。"喜来登2020"这一共覆盖十大方面的综合性计划，旨在巩固喜来登作为全球领导酒店品牌的地位。继2018年1月中国澳门喜来登金沙城中心大酒店新晋成为喜来登大酒店之后，"喜来登大酒店"保持着快速的发展步伐并最新公布了3家新晋喜来登大酒店，它们分别是：上海浦东喜来登由由大酒店及公寓、广州花都合景喜来登度假大酒店和雅加达甘达里亚城喜来登大酒店。同时，喜来登品牌2018年于亚太地区继续开店的计划将助力2020年前全球新开150多家喜来登酒店的品牌愿景。丽笙酒店集团（Radisson Hotel Group）于2018年3月由原"卡尔森瑞德酒店集团"正式更名，将旗下八大品牌重新设计和升级，并开始实施一个包含23项措施的五年行动计划。目前其在中国运营了15家酒店，2018年签约了4个项目，还有三个项目于2018年第四季度开门迎客。同时，针对中国长租公寓市场的升温趋势，旗下丽柏和丽筠两个品牌考虑会在这方面发力。根据前述计划，至2022年其将在中国21个城市共计运营和开发35间酒店，涵盖一线城市和经济及消费能力迅速崛起的二三线城市，如郑州、杭州、武汉、无锡等。在中国已有深入布局的希尔顿和洲际酒店集团也丝毫没有放慢扩张步伐。希尔顿集团全球总裁兼首席执行官Christopher Nassetta 2018年9月底在接受21世纪经济报道记者采访时表示，希尔顿计划于2025年在中国管理1000家酒店，为了达到这个目标，未来希尔顿将加速发展步伐，从现有的14个酒店品牌中选择并引入更多新酒店进入中国市场，以满足中国顾客的不同需求。根据洲际酒店集团2018年第三季度财报，该季度大中华区签约和开业酒店数量均创有史以来新高，截至2018年9月30日，开业酒店和筹建项目分别为380个和334个，比上年增加约20%和17%。主打奢华酒店板块的瑰丽酒店集团也于2018年10月宣布在亚洲新增四家酒店，其中两家位于中国（深圳和上海）。瑰丽酒店集团首席行政总裁郑志雯2018年10月曾表示，中国业务拓展仍是重中之重，未来五年内其全球酒店数量将翻一番，其中三分之一的新酒店将落地亚洲。

分散式经营与集团化经营的基本格局将继续存在，只是竞争更加激烈，未来靠几十家全球性的管理公司包打天下是不现实的，分散式经营力图同化酒店管理公司也只是一厢情愿。但可以肯定的是，一些规模较大的酒店管理公司力图延伸管理空间，谋求管理输出带来的丰厚利润，将是冲击分散式经营的动力。而酒店管理集团之间的对抗、合作、合并，可能会效法国际上一些跨国工业集团的竞争方式，由20世纪的竞争转入21世纪的联合，选择双赢的结局。在这一过程中，中小酒店的被兼并或倒闭和破产，将是无可避免的现象。在经营方式上，大量的分散的经营者仍然承继着物业经营的传统事业，而一些较大的酒店管理集团，将由现在的物业经营过渡到资本经营的阶段。届时，可能会出现一些酒店管理集团不从事直接管理饭店的业务，而将具体的酒店管理再交付给其他从事物业管理的公司的情况。

（二）国内酒店业发展现状及趋势

1. 国内酒店业发展现状

2007年之前，酒店行业处于快速扩张时期，新开门店增长速度达到90%以上，但是2011年以后，有限服务酒店的门店扩张速度一路下滑，整体门店增长速度在2016年跌至近十年来的低点。此外，酒店开业率也出现了大幅下跌，在2012年骤降至49%，之后持续徘徊在50%左右，但是2015年和2016年上半年再次跌至40%左右。

酒店开业率的下降、酒店门店数量增速减缓等数据都说明了目前酒店行业供给端已经趋于稳定，新增供给压力缓解，现有存量房可以满足市场的需求，野蛮式增长暂告一段落，入住率和RevPar有望提升。

近年来，我国民宿客栈总量急剧增加，呈现爆发式增长，2017年达到20多万家，同比增长超过300%。民宿产业在助力经济增长、推动乡村振兴方面发挥着独特作用。

2. 国内酒店业发展趋势

（1）中高档酒店发展提速。

美国市场的大型酒店集团凯悦、希尔顿、洲际和万豪等市场定位分布，中高档酒店品牌占比超过60%，对比国内的酒店行业的发展情况，国内经济型酒店的发展明显过剩。随着旅游业的迅速发展、消费升级以及社会环境等诸多因素的影响，中高档酒店崛起，越来越多的酒店集团瞄准中高档酒店市场。与此同时，不少中经济型品牌开始升级换代，也开始逐步向中高端酒店领域转型。

2011~2015年，国内高档酒店市场客房规模快速增长，年均增长率达到了13%，客房收入增速达到11%。截至2015年底，高档酒店市场的规模达到65万间客房，收入规模超过2074亿人民币。2016年中国大陆地区中档及其以上国际品牌全年签约酒店330家，较2014年和2015年签约数量明显提升将近30%。其中中高档及中档酒店签约酒店数大幅提升，中档合计222家，占签约总量的67%；高档酒店签约76家，占签约总量的23%；超高档和奢华型酒店签约数量较少，合计占比10%。

预计，"2022年，中国中产阶级数量将从2012年的1.74亿家庭增长至2.71亿家庭"。未来，中国中档酒店市场的潜在消费人群有望以年增长10%左右的速度持续扩大。

（2）酒店数量会继续增长。

随着中国居民的收入增长、旅游业在近年来保持30%以上的增长，大量的需求会推动酒店业的发展。我们可以从一些景区看到，到旅游季节的时候，"一床难求"的现象时有发生。还有，消费主体已经从"60、70"变化为"80、90"，"80、90"的经济基础逐渐变得稳健，最重要的是这部分人群喜欢"玩"。此外，目前中国很多的投资渠道受阻，酒店作为风险较低的行业备受投资者喜爱。

（3）精品酒店会引领未来。

首先，由于消费主体悄然发生了变化，消费者对酒店的要求逐渐变高，简单地"洗、息、睡"型的酒店很难满足目前的主流消费人群的需求。其次，消费者是"60、70、80、90"共存的时代，文化需求已经不再简单的是"中式、欧式、现代"之分。每个人的年龄段、成长背景、出生地域、成长经历不一样，产生的需求也不一样，精品酒店恰好可以提供细分有针对性的用户体验。如红专酒店顾问设计公司在成都总府路设计的《蜀居酒店》和《HI设计师酒店》的生意火爆，就是这个原因。最后，由于经济条件的变好、时代的变化、每个人的被尊重感和个性化需求，精品酒店就非常容易体现。

（4）人工智能和微智能会广泛地在酒店中运用。

首先，部分科技的使用可以降低酒店的经营成本，但在初期会增加酒店的投入。其次，从用户的体验的角度、对用户隐私、方便性等角度，极好地满足了用户的需求。最后，目前也有一些连锁酒店品牌在微智能或人工智能领域尝到甜头，会带领整个行业的快速运用。

（5）酒店的盈利模式会多样化。

一方面，盈利模式的单一证明酒店的体验或服务单一，很难满足用户的深度体验。另一方面，不同的目标用户需求需要不同的产品进行支撑，差异化的模式反而成了核心竞争力。最后，目前酒店单一的盈利模式，很难满足日渐高涨的成本，最终会使酒店的盈利成为"鸡肋"。

（6）共享"酒店"会出现。

首先，当下共享经济的火热，不是简单的商业模式创新，而是产品输出端资源有效整合，同时也为用户提供了多样化、性价比更高的产品。其次，雅高的Jo&Joe的推动，会在全球起到良好的示范作用，从而产生更多具体针对性的"共享"酒店。

（7）低端快捷酒店和高星级酒店会"出局"一批。

首先，高星级酒店在整个国家经济下行的大环境下，国家反腐日益高压的大背景下，会挤出大量的"伪"消费者。其次，由于精品酒店的大众化，价格与低端快捷酒店的价格相差不大，但是体验好得多，从而更多的消费者会选择中端精品酒店。最后，由于消费主体的变化、他们对酒店的要求越来越高，低端快捷酒店很难满足他们的需求。

三、酒店行业人才需求分析

旅游业作为永远的朝阳产业已越来越受到各方关注，目前中国已实现从旅游资源大国向世界旅游大国的历史性跨越。重庆作为中西部地区唯一的直辖市，区域性作用逐渐增强，国际资金不断涌入，同时悠久的历史文化，也使很多国家和地区的人士所向往，自然吸引更多外来投资者和旅客。近年来，重庆旅游经济保持了持续、快速、健康发展的态势，连续被评为全国十大旅游目的地和客源地，并先后荣获"中国温泉之都"和"世界温泉之都"称号。在2017年全国60个重点城市游客满意度调查中，重庆第一、三季度游客满意度均排名第1，总体排名也稳定在全国前茅。世界旅游业理事会发布的《2018年城市旅游和旅游业影响》显示，重庆被评选为2018年全球旅游增长最快城市。此外，据重庆市文化和旅游发展委员会发布的

《2018年重庆市旅游业统计公报》显示，2018年全市接待境内外游客5.97亿人次，实现旅游总收入4344.15亿元，同比分别增长10.1%和31.3%。其中，接待入境游客388.02万人次，实现旅游外汇收入21.90亿美元，同比分别增长8.3%和12.4%。

酒店行业作为旅游产业链中的重要环节，其现状及前景都深刻地影响着旅游、会展、外贸等诸多其他行业的发展。近几年重庆酒店数量猛增，国际酒店管理集团洲际集团、香格里拉、希尔顿等酒店业巨头大举进入重庆市场。截至2017年底，重庆已建成五星级标准旅游酒店共60余家。其中，已挂牌19家，已建成营业未评星五星级标准旅游酒店26家，主体已完工11家；在建五星级标准旅游酒店72家，拟建五星级标准旅游酒店39家。重庆酒店业的快速扩张，使酒店业高素质技能型人才和基层主管人才缺口加大。据重庆市旅游局培训中心统计，重庆市酒店从业人员已近6万人，在未来五年内，基层主管人才（楼层主管、大堂副理、洗衣房主管等）缺口将达10000人，一线服务人员缺口将达25000人。由此可见，重庆酒店行业人才紧缺。因此，建设好酒店管理专业，有利于满足重庆及西南地区酒店业对高素质酒店人才的需求，对实现2015年重庆市委四届七次全会提出的"把旅游业培育成为综合性战略支柱产业和加快建设国际知名旅游目的地"的目标有重要意义。

酒店业一直以来在职场上是被忽略的"宝藏"。在职业规划意识为先的理性回归下，一些发展前景好、潜力大、薪资高的行业尤其受到家长、学生的关注。其中酒店行业尤被认为是职场上尚未被充分挖掘的"宝藏"，它具备以下特点。

特点一：行业容量大。作为全球十大热门行业之一，酒店管理专业在国际上一直属于就业热点。随着2008北京奥运会、2010上海世博会、2010年广州亚运会和越来越多的国际大型活动在中国举行，中国对酒店管理专才的需求也日益增大。近几年，来自全球各个知名品牌的酒店集团纷纷瞄准了中国市场，并大力投资和加盟，导致行业内的高级专业人才形成了供不应求的局势。据国家旅游局统计，世界上每一分钟都有一个旅游酒店业的职位产生。

特点二：中高级人才匮乏。从行业特性来看，酒店业尤其需要那些专业度高、综合能力强的中高级人才。调查数据表明，那些语言能力强、具备全球化视野、接受过全球最先进的培训、有实战经验的人才将尤其受到酒店的青睐。

特点三：重视资历和持续发展。酒店管理行业不是一些家长认为的"吃青春饭"的行业，而是可以终身为之服务的行业。因为随着资历的增加，与人打交道的经验就越丰富，处理事情的能力也越强。

特点四：较高的薪酬和福利待遇。根据中国饭店协会最新发布的《中国饭店业职业经理人2015年度薪酬报告》显示，2015年度全国饭店业职业经理人的平均年薪为20万元。就五星饭店而言，北京、上海、广州、深圳、苏州五地的饭店总经理平均年薪均已超过35万元。另外，酒店业也为从业者提供了体面的工作环境、衣食住方面的多重隐性福利，这是其他行业工作者所没有的。

特点五：最具活力的行业。中国各地大中小城市均把旅游业作为其经济增长的原动力，其政府与社会投资将不断增加，旅游酒店行业将会是中国最具活力的行业。总之，随着全球经济的不断复苏与快速发展，酒店行业在不断扩充，对人才的需求也不断增加，每年都需要数以千计的国际化酒店管理专业的人才，酒店行业在全球与中国地区的发展速度与就业率将会远远超出传统型行业。酒店管理毕业生就业率远远高于其他专业的学生，酒店管理就业前景乐观，预计到2020年以后，高级酒店管理专业人才将成为职场上炙手可热的高薪阶层。

其就业优势主要体现在以下几点：第一，随着全球经济的不断复苏与快速发展，酒店行业在全球与中国地区的发展速度与就业率将远远超出传统型行业。第二，全球很多著名大学均开设酒店管理专业，在这些著名的大学旅游与酒店管理课程设置之中均提供为期半年至一年不等的带薪实习和理论课程与实际操作相结合的活动内容，其毕业生就业率远远高于其他专业的学生。第三，酒店行业其薪金与社会福利收入远远高于其他传统行业。同时，随着工作经验的增加其工作地位会稳步上升。第四，中国各地大中小城市均把旅游业作为其经济增长的原动力，其政府与社会投资将不断增加，酒店业将会是中国最具活力的行业。高级酒店管理人才在全球一直都是很紧缺的，近年来在国际人才市场上酒店管理人才出现了供不应求的局面。目前全世界已有17个国际酒店管理集团在不断扩充对人才的需求，也在不断增加对国际化酒店管理人才的需求。

通过上述分析，今后应从如下几个方面加大人才培养的力度：

第一，培养与国际化接轨的酒店管理人才，量身打造职业生涯发展培训课程，有针对性地区分学生的不同情况，为他们提供强有力的专业培训非常有必要。

第二，酒店管理专业人才培养应立足于人的可持续发展和对社会岗位的不断变化的适应能力上，培养重点应该在主动服务意识、服务技能及组织协调等管理能力上。要为学生终身发展、可持续发展奠定基础。

第三，重视基础课的教学，在学时上有足够的保证，只有这样才能为专业课学习和终身学习打下牢固的基础。

第四，在专业技能的培养上，不仅要重视职业能力课程的教学，而且还要注重理论与实践的关系，把理论学习与实训结合起来，使学生学有所用，提高实际操作能力。在实践中还应特别注重他们的创新能力、敬业精神、沟通能力的培养，培养学生的就业技能和再就业的能力，营造学生综合发展的育人环境。

第五，注重培养获取高级前厅服务员等职业资格证书的能力，通过资格证书考试，使学生了解国家职业技能标准，获取资格证书的途径、方法及其应具备的条件。

四、酒店人才的知识、能力、素质结构分析

（一）酒店人才所需的知识结构

现在全国各地每月甚至每天都有新酒店开业，并且档次高、星级高，再加上高薪酬的一些国外酒店集团也在不断进入中国，这就从客观上为旅游专业毕业的大学生提供了就业条件，但就业状况却不容乐观。酒店企业普遍认为，前厅管理与服务、客房管理与服务、餐饮管理与服务等方面的知识以及酒店心理学、酒店公关礼仪和现代酒店管理与操作实务等方面的知识和专业课程非常重要。在酒店业发展的过程中，酒店企业对人才的需求也呈现多样化的趋势，规范化服务和个性化服务提供的最佳结合也成为酒店消费者的要求。

（二）酒店人才所需的能力结构

酒店企业一致认为，酒店专业的学生的能力要求着重体现在以下方面：酒店服务技能、酒店的职业礼仪、职业道德、语言表达能力、外语表达能力、酒店行业政策法规的领悟和理解、酒店的经营与管理能力、酒店资源的规划与开发能力等。此外，外语表达能力尤其重要。随着国际高端酒店集团在国内的快速发展，行业对学生的外语水平要求越来越高。国际品牌酒店把外语水平作为学生进入酒店必考的重要一关。[①]计算机办公软件的操作能力也是必备的办公技能，良好的沟通能力也是现代酒店人才要求具备的基本素质。

---

① 花菊香.酒店行业人才需求分析及对策研究[J].东方教育，2013（12）：87.

另外，语言表达能力也很重要。旅游行业是一个综合性强的行业，面对日益成熟的旅游消费者，酒店必须创新原有的标准化服务模式，逐步进入个性化服务的时代。要向客人提供更加优质的服务，就必须加强酒店各部门之间的协作，加强员工与员工之间、员工与领导之间、酒店与客人之间的交流，必须要求酒店从业人员具有良好的沟通协调能力。

（三）酒店人才所需的素质结构

对于社会所需求的人才素质要求而言，专业知识是最核心的素质，专业技能是学生对知识实践运用的集中体现。由于酒店业的综合性强，对行业从业者的职业道德素质和团队精神有着更严格的要求。另外，创新能力、积极的心态、仪容仪表、领导能力和良好的身体素质也成为现在酒店从业者的必备素质。

此外，要有吃苦耐劳的精神，尽量放低姿态。跳槽是旅游饭店存在的普遍性问题。旅游从业人员流动的原因很多，目前，部分高职大专生频繁"跳槽"，主要是没有"从基层干起"的思想。酒店管理人员需要知识，但更要注重经历。要做好高层酒店管理者，必须要有基层管理员、服务员的经验，能够从基础做起，脚踏实地。否则，就很难在酒店有长足发展。

五、重庆工业职业技术学院酒店管理专业人才培养模式改革指导思想和目标

高等职业院校的根本任务，是培养适应社会主义现代化事业需要的应用性、技术性高等专门人才。高等职业教育培养目标，是衡量高等职业院校教育教学质量的标准和依据，也是专业教育教学的出发点和归宿。根据这一认识以及上述对酒店业发展现状及趋势、酒店行业人才需求、酒店人才的知识和能力、酒店对学生的综合要求等方面的分析，酒店管理专业确定了以下专业改革的指导思想和目标。

（一）专业人才培养模式改革指导思想

以新时代中国特色社会主义思想为引领，贯彻执行《国务院关于加快发展现代职业教育的决定》（国发〔2014〕19号）、《国务院办公厅关于深化产教融合的若干意见》（国办发〔2017〕95号）和2018年召开的全国教育大会精神，对酒店管

理专业人才培养模式进行改革创新。

（二）专业人才培养模式改革目标

酒店管理专业人才培养模式改革总体目标是以酒店企业对人才的知识、能力和素质的需要为依据，以提高人才培养质量为目的，以人才培养模式改革为重点，以就业为导向，推动理论教学体系和实践教学体系的改革，改进教学方法，改善教学条件，带动教师队伍、教学设施和实习基地建设，从而能够培养酒店业所需的经营管理人员和高级服务人员。具体目标包括：

（1）完成适应从事酒店企业经营管理工作和高级服务工作所需要的人才知识、能力、素质结构的研究和设计。

（2）建立服务于知识、能力、素质培养并相互渗透的理论教学体系和实践教学体系。

（3）拓宽校企合作范围和深度，完善校内实验实训条件，建立科学的产学结合的人才培养机制。

（4）建设一支高素质的专兼结合的"双师型"的教师队伍。

（5）提升人才培养质量。

六、重庆工业职业技术学院酒店管理专业人才培养模式改革举措

（一）全面推进课程思政工作

2012年党的十八大报告首次将"立德树人"明确为教育的根本任务。立德，出自《左传》，"太上有立德，其次有立功，其次有立言，虽久不废，此之谓三不朽"。立：树立，德：德业，意思是人生最高的境界是树立高尚的道德理想。其次是事业追求，建功立业。再次是有知识有思想，著书立说。树人，出自《管子》，"一年之计，莫如树谷；十年之计，莫如树木；终身之计，莫如树人"。其意思是培养人才是长久之计，也表示培养人才不容易。

2016年12月，习近平总书记在全国高校思想政治工作会议上强调："把思想政治工作贯穿教育教学全过程""要用好课堂教学这个主渠道，思想政治理论课要坚持在改进中加强，提升思想政治教育亲和力和针对性，满足学生成长发展需求和期待，其他各门课都要守好一段渠、种好责任田，使各类课程与思想政治理论课同向

同行，形成协同效应。"

2018年5月2日，习近平总书记在与北京大学师生座谈时指出："要把立德树人的成效作为检验学校一切工作的根本标准，真正做到以文化育人、以德育人，不断提高学生思想水平、政治觉悟、道德品质、文化素养，做到明大德、守公德、严私德。"①

此外，习近平总书记在2018年9月召开的全国教育大会上强调："要把立德树人融入思想道德教育、文化知识教育、社会实践教育各环节，贯穿基础教育、职业教育、高等教育各领域，学科体系、教学体系、教材体系、管理体系要围绕这个目标来设计，教师要围绕这个目标来教，学生要围绕这个目标来学。"

重庆工业职业技术学院酒店管理专业在改革中，坚定不移地贯彻党中央和习近平总书记的有关要求，高度重视立德树人，改变传统的只重视传授专业技能的不良倾向。通过德育竞赛、三下乡活动、社团德育活动、课程思政等多种方式，建立立德树人的立体培养网络，取得了显著成效。不少学生在三下乡活动和酒店实习期间通过热心周到的服务得到了服务对象和企业的好评，涌现出一大批拾金不昧、乐于助人、热心服务的典型。酒店管理专业全面推进课程思政的途径如下：

1. 提升专业课教师的"课程思政"意识与能力

（1）强化专业课教师对课程思政的认知认同。

长期以来高职院校专业课的功利化倾向严重，"重科技、轻人文；重做事、轻做人；重技能、轻素质"的"过度专业化的人才培养模式"忽视了专业课的德育功能，专业课教学中教书与育人"两层皮"的现象突出。②部分教师对课程思政的必要性和重要性认识不够，进而无意、有意地忽视乃至轻视课程思政。因此，必须引导教师明确思想政治教育与专业课程之间的关系，充分认识专业课程中蕴含的人文精神、文化基因和价值范式对于专业知识技能学习的指引作用；要真正认识到思想政治教育不仅不会冲淡专业课程自身的教学活动，更不会减弱教学效果，相反还会提升教学的思想性、人文性和价值性。为此，学校要通过多种途径，提高专业课教师对课程思政的认知认同。只有理念上认知了、情感上认同了，才能形成开展思想政治教育的内在需求，精心研究教材，拓展教学内容、深化教学内涵，加大对专

---

① 李忠军，钟启东.落实立德树人根本任务，必须抓住理想信念铸魂这个关键[N].人民日报，2018-5-31（10）.
② 邱伟光.课程思政的价值意蕴与生成路径[J].思想理论教育，2017（7）：12-16.

业课程"思政元素"的挖掘，做到教书和育人相融合，从而提升教学的效能。[①]

（2）提升专业课教师的师德修养和思想政治教育素养。

专业课教师作为"课程思政"的实施者，承担了教书育人的双重职责。在教学过程中，教师的言行举止、知识素养、师德境界都会作用于学生，对学生产生"亲其师"而"信其道"的教育效果。因此，专业课教师必须具有高尚的道德修为，以敬畏的职业态度、良好的精神状态投入到教学中，做学生知识学习的帮助者，做学生品格成长的引路人。同时，专业课教师要掌握思想政治教育的内容、原则、特征、规律和话语方式。[②]思想政治教育有其特定的内容和规律，也有其特定的话语表达和接受方式。教师要依据思想政治教育的内容、规律和话语，有效结合专业课的设计与教学活动的进程，挖掘其中的思想政治教育元素，把专业知识技能学习和情感态度价值观引导融合起来。

（3）提高专业课教师的课程思政能力。

提高专业课教师的课程思政教学能力需要抓好如下几个工作：第一，提高专业课教师的课程思政设计能力。课程思政设计能力是开展课程思政的关键和前提，学校在顶层设计上要借助思想政治教育专家、课程论专家给专业课教师提供思想政治教育的内容和方法示例。引导专业课教师通过实践探索，不断积累经验，不断反思，在反思中解决问题，提高课程思政能力。第二，提高专业课教师研究学生的能力。教师不仅要了解学生专业知识技能学习情况，还要了解学生的思想情感、兴趣态度和价值观状况，也要了解学生的心理特征和接受方式。只有这样才能在课程思政实施过程中做到有的放矢、因材施教，收到事半功倍的教学教育效果。第三，提高专业课教师课程思政的实施能力。专业课教师要善于运用课程思政资源，创设专业教学的育人氛围，调动学生的主动性、积极性，通过情景教学、案例教学、讨论教学、实践教学等路径方式，有效开展课程思政。[③]

2. 充分挖掘专业课程中的思政资源

高职院校专业课程一般都与职业、岗位相对接，因此专业课程的思政元素可结合具体教学内容灵活有效地展开。比如，《前厅服务与管理》是高职酒店管理专业的一门核心课程。课程的知识能力目标是通过前厅服务与管理知识的学习和训

---

① 卜兆，于丽艳. 高职院校专业课程实施"课程思政"的路径方法探析——以《酒店前厅管理》课程思政改革为例 [J]. 教育现代化，2018，5（39）：94-95，98.
② 蔡伟. "互联网＋"时代的教育变革[N]. 中国教育报，2015-4-9（4）.
③ 谢永朋，徐岩. 微课支持下的高职院校翻转课堂教学模式[J]. 现代教育技术，2015，25（7）：63-67.

练，使学生具备客房预订、总台接待、收银服务、礼宾服务、"金钥匙"服务、问讯服务、电话总机服务、商务中心服务、酒店管理软件操作等前厅服务所必需的基本知识和基本技能，具备前厅基层管理的能力。在给学生讲授"收银服务"操作技能时，也要教育学生要热情服务，不多收客人一分钱，不虚开发票。在另一门核心课程《客房服务与管理》中，在讲授"卫生间清洁"操作技能时，要同时教育学生要严格按照技术标准去洗涤马桶、面盆和水杯，不能为了节省时间和体力用同一块抹布擦拭马桶和水杯。在讲授"走客房检查"操作技能时，要同时教育学生应拾金不昧，不要把客人遗忘的东西据为己有。还有，《餐饮服务与管理》也是一门核心课程，在讲授"用餐服务"操作技能时，要同时教育学生要时刻留意客人的要求，在客人提出服务需求时，及时热情地做出积极回应。在讲授专业基础课《酒店市场营销》中的"人员推销技巧"时，要同时教育学生具备吃苦耐劳的工作态度，能够经常冒着严寒酷暑去推销酒店产品。

通过专业知识和思想品德的教育，强化专业课程的情感、态度、价值观教学目标。在实现知识能力教学目标的同时培养学生诚实守信、遵纪守法的职业态度，善待他人、沟通协作的服务意识以及吃苦耐劳、积极上进的工作精神。

为此，由思政课教师、专业课教师、学生组成了教材及课程开发组，对《酒店前厅管理》《客房服务与管理》及《餐饮服务与管理》等专业课程的"思政元素"进行充分的挖掘，梳理出该课程必须加强人文素养教育、职业素养教育和遵纪守法教育方面的模块内容。[①]

3. 将思政意识贯穿课堂教学全程

学科教师在教学中，通过创设教学情境、组织小组讨论等教学方式提高学生思维能力和思考能力，帮助学生提高行为、情感以及认知的认同，让学生在教学中能够顺其自然地形成良好的社会主义核心价值观，积极弘扬中华传统美德，促进学生综合素养的提高。

（1）通过案例教学提高学生对情感态度价值观教育的认知认同。

案例教学是教与学双方直接参与，共同对问题或疑难情景进行研究的一种开放、合作、互动的教学方式。教师精心筛选提炼一些典型的人物与事件，将其浓缩成一个个的案例，引导学生运用理论剖析这些案例。在案例分析过程中，融会贯通

---

① 卜兆，于丽艳.高职院校专业课程实施"课程思政"的路径方法探析——以《酒店前厅管理》课程思政改革为例[J].教育现代化，2018，5（39）：94-95，98.

有关的知识，增强分析和解决问题的能力，促进学生态度、情感和价值观的转变。教师要精选案例，找到案例中所蕴含的思想性、人文性和价值性，抓住其与学生思想实际心理特点的融合点，深挖案例中的思政元素，对学生进行态度、情感和价值观教育。

比如《前厅服务与管理》教学中有一个典型案例——"当客人突然袭来之际"。某日晚上六时许，河南省国际饭店的大堂内灯光辉煌，宾客如云。总服务台的接待员小马正忙着为团队客人办理入住手续。这时两位中国香港客人走到柜台前向小马说："我们要一间双人客房。"小马说："请您稍等一下，我马上为这个团队办好手续，就替你们找空房。"其中一位姓张的港客说："今晚七点半我们约好朋友在外面吃饭，希望你先替我们办一下。"小马为了尽可能照顾这两位客人，于是一边继续为团队办手续，一边用电脑查找空房。经过核查，所余空房的房金都是每间218元的。他如实告诉客人。此时那位姓张的先生突然大发脾气："今天早上我曾打电话给你们饭店，问询房价，回答说双人标准间是每间186元，为什么忽然调成218元了呢？真是漫天要价！"小马刚要回话，这位姓张的客人突然挥掌向小马的面孔打去，小马没有防备，结果吃了一记耳光！他趔趄了一下，面孔变得煞白，真想回敬对方一下。但他马上想到自己的身份，决不能和客人一般见识，决不能意气用事，于是尽量克制，使自己镇定下来。接着用正常的语气向客人解释说："186元的房间已经住满了，218元的还有几间空着，由于楼层不同，房金也就不一样，我建议你们住下，尽快把入住手续办好，也好及时外出赴宴。"这时另一位香港客人李先生见他的朋友张先生理亏，想找个台阶下，于是就劝张先生说："这位接待员还算有耐心，既然如此劝说，我们就答应住下吧。"张先生见势也就软了下来。小马立刻招手要行李员把客人的行李送到房间。然而当时从小马紧握着的那只微微颤抖的手上，可以看出他正在极力压抑着内心的委屈。周围的其他客人都纷纷对那位先生的粗鲁行为表示不满，那位张先生一声不响地和李先生办好手续便匆匆去客房了。那位张先生事后深感自己的不是，终于在离店时到总台向小马表示歉意，对自己的冒失行为深感遗憾。

案例中客人张先生的所作所为肯定是不对的，而小马的表现是无可非议的。他既不还手，也不用恶语回敬。他懂得作为饭店的从业人员就是得理也应该让人，这样才会多留住两位客人，并让他们最后拥有一次愉快的住店经历。当然小马在客人突然袭击之际，自然感到委屈，这就需要克制自己，不与客人一般见识。通过案例分析我们要让学生明白：小马的宽容举止很典型地体现了"客人总是对的"这句话的真谛，表现出了服务员良好的职业素质。

从以上案例我们不难发现，只要用心，人文素养教育在专业课教学中的渗透无处不在、如影随形。

（2）通过情景教学强化学生对情感态度价值观教育的体验共鸣。

情境教学是教师借助情境，唤醒学生自身潜在的生活经验和内在情感，充分调动学生的内在学习动力的一种教学方式。教师在教学过程中，首先创设情境，巧妙导入教学，激发学生学习兴趣；其次铺设情境，寓教于乐，丰富学生的亲身感受；最后利用情境，激发情感，使学生在体验中产生共鸣、领悟中获得成长。

《酒店前厅管理》教学中，通过模拟真实的工作情境下的前厅接待人员与客人的对话、行为和产生的不同效果，将工作岗位所要求的职业操守具体化，培养学生爱岗敬业、严谨负责、遵纪守法的职业精神。比如教学中有一个情景——"酒店客人不希望每次都登记证件"，通过情景再现让学生明确：按照国家公安机关的要求，客人在酒店住宿应当凭有效身份证件办理住宿登记，即使灵活处理以满足客人需要也不能违反职业原则。这也是对学生的严谨负责、遵纪守法的教育。[1]

（3）通过实践教学促进学生情感态度价值观的发展成长。

实践教学是突出学生主体地位，引导学生动手操作、动眼观察、动口表达和动脑思维，通过主动参与探索、主动思考实践，从而促进学生知识技能提高和情感态度价值观发展的教学方式。[2]专业实践教学中，我们合理选取三种方式：一是早晚学生自训。早训内容以岗位服务英语口语为主，礼仪姿态训练为辅。晚训内容为技能精炼，练习前厅服务专业技能技巧。通过学生早晚自训，培养了学生主动、勤奋、坚持的学习习惯和将来职场所需要的职业态度。二是综合实训项目，一般是由学生在实训场地（实训室）通过小组合作完成综合性实训活动。三是酒店企业寒暑假跟岗学习和顶岗实习。通过综合实训项目和酒店企业寒暑假跟岗学习和顶岗实习，培养了学生善待他人、沟通协作的服务意识和诚实守信、遵纪守法的职业素养以及吃苦耐劳、积极进取的工作精神，取得了显著成效，多名学生在酒店实习期间得到客人的表扬，如图3-1至图3-5所示。

① 卜兆，于丽艳.高职院校专业课程实施"课程思政"的路径方法探析——以《酒店前厅管理》课程思政改革为例[J].教育现代化，2018，5（39）：94-95，98.
② 曹鑫海."互联网＋"形势下提升高职思政课教学的实效性研究[J].教育现代化，2017（39）：281-282.

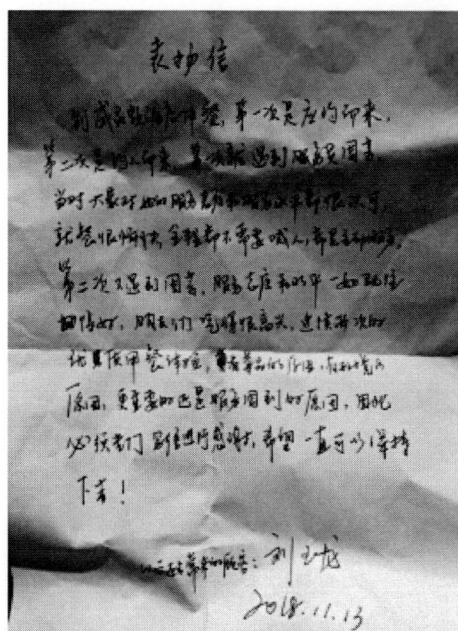

图3-1　2016级酒店管理专业学生周芳在
重庆威灵顿酒店实习期间得到客人表扬

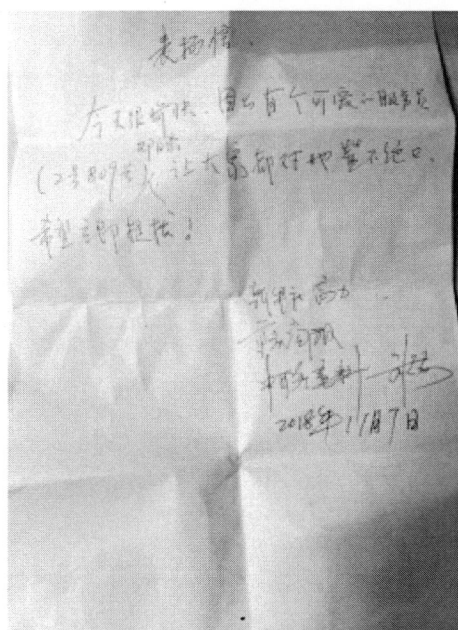

图3-2　2016级酒店管理专业学生邓自豪
在重庆威灵顿酒店实习期间得到客人表扬

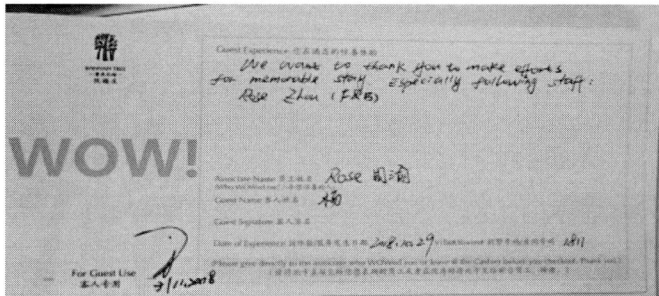

图3-3　2016级酒店管理专业学生周渝在重庆北碚悦榕庄酒店实习期间得到客人表扬

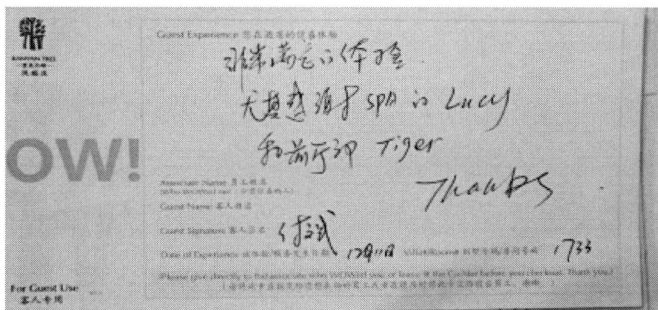

图3-4　2016级酒店管理专业学生别宇辰（Tiger）和
王金玲（Lucy）在重庆北碚悦榕庄酒店实习期间得到客人表扬

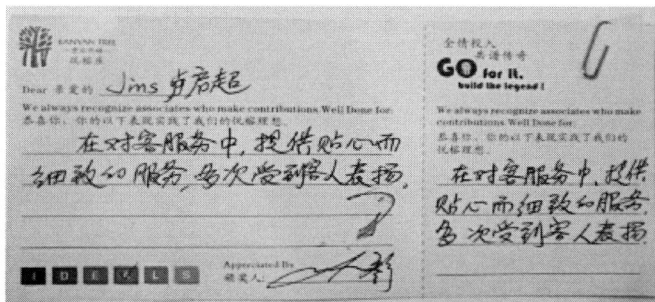

图3-5　2016级酒店管理专业学生卢启超在重庆北碚悦榕庄酒店实习期间得到酒店"IDEALS"奖励

4. 将思政元素融入课程评价中

在构建专业课程教学评价制度中，要以社会主义核心价值观为基准，将教学评价与思政标准充分融合，在考核专业课时不仅要考核专业教学效果，也要考核德育教育效果和学生日常行为举止。^①期末综合成绩＝平时成绩×50%＋期末闭卷考试×50%，平时成绩和期末闭卷考试成绩满分都是100分。平时成绩＝出勤（10%）＋德育教育（40%）＋学生日常行为举止（20%）＋课后作业（30%）。出勤评价能够培养学生对工作的时间观念；德育教育能够培养学生良好的职业道德，通过相关案例或情景教学的心得体会来反映；学生日常行为举止通过着装和课堂纪律评价来培养学生良好的职业态度；课后作业是课程内容的补充和延伸，能够加深学生课程学习的效果。

（二）大力弘扬中华传统文化

中华传统文化，是中华文明成果根本的创造力，是民族历史上道德传承、各种文化思想、精神观念形态的总体。具体包括：古文、古诗、词语、乐曲、赋、民族音乐、民族戏剧、曲艺、国画、书法等。

重庆工业职业技术学院酒店管理专业除了重视课程思政、传授专业知识和技能外，也大力弘扬中华传统文化。具体措施如下：一是成立各种中华传统文化学生社团，如诗词社团、书画社团、曲艺社团等。这些学生社团会定期举行丰富多彩的活动，吸引了众多学生的加入。二是开设相关选修课，每学期学生选课的积极性很高。三是定期邀请知名专家为学生进行专题讲座。

通过大力弘扬中华传统文化，陶冶了学生的情操，提高了学生的文化艺术修养，促进了学生综合素质的提升。

（三）改革人才培养模式

1. "3＋2" 工学交替人才培养模式

自2005年9月与全球最大的酒店管理集团——洲际酒店集团（IHG）旗下的重庆扬子江假日饭店开展校企合作以来，酒店行业企业就参与了重庆工业职业技术学院酒店管理专业人才培养的全过程。与重庆扬子江假日饭店深度合作的 "3＋2" 工学交替人才培养模式（学生每周3天在酒店进行岗位实践，2天在学校进行理论学习的 "工学交替" 的培养模式，在洲际酒店集团内部被称为 "New Apprenticeship Program" ），是重庆工业职业技术学院酒店管理专业第一个工学结合人才培养模

---

① 唐海风.课程思政：高职专业课教学融入思政元素的路径[J].科技风，2018，367（35）：44.

式。整个项目的实施运行经历了酒店行业认知与"工学交替"人才培养计划导入，企业与学校共同挑选项目班级候选人，征求学生、家长、班主任等多方意见确定项目班级名单，企业制定岗位实践培训计划，实施"工学交替"人才培养计划，评估与反馈共6大环节，在整个人才培养过程中企业与学校深度融合。

2. "前半期＋后半期"双轨制人才培养模式

改革初期实施"3＋2"工学交替人才培养模式是每周3天岗位实践、2天校内学习交替进行，交替周期短、频率高，理论上是理实结合的完美方式，但在实际运作中对酒店和学校要求较高，管理难度较大。一是项目班级学生在酒店实习期间无法同时学习学校开设的理论课程，结果导致学生对理论知识掌握不扎实。二是交替周期过短的问题，一方面导致学生在一个岗位上实习时间过短，无法长期实习而不能熟练掌握岗位技能；另一方面导致酒店方意见较大，给其排班及服务质量带来极大影响。三是对学生的英语口语能力培养不够重视，英语方面的课程较少，毕业生的英语口语水平普遍较差，与人才培养目标存在较大差距。

因此，自2010年起在"3＋2"工学交替人才培养模式基础上进行进一步改革，创建了"前半期＋后半期"双轨制人才培养模式。学生第一学年在校学习文化知识，期间集中安排2周到酒店参观实习，对酒店行业现状及发展趋势做基本了解。第3学期至第5学期开始进行"前半期＋后半期"双轨制教学。第6学期进行顶岗实习。

3. "2＋1"现代学徒制人才培养模式

在总结"3＋2"和"前半期＋后半期"人才培养模式的基础上，自2017年起创新构建了基于现代学徒制理念下的"2＋1"人才培养模式来解决上述问题。"2"指第一和第二学年在校进行为期2年的英语能力培训和专业理论知识学习，"1"指第三学年到酒店进行实训课程学习、多岗位跟岗学习和顶岗学习。第五学期前半期进行跟岗学习，同时在酒店完成《餐饮服务与管理2（实训）》（考查）、《客房服务与管理3（实训）》（考查）、《前厅服务与管理3（实训）》（考查）、《酒店营销2（实训）》（考查）、《康乐服务与管理2（实训）》（考查）、《酒吧与酒水服务2（实训）》（考查）6门实践课程，该6门课程由学校专职教师和酒店师傅共同授课，侧重操作技能培训和提升真实职场环境下的英语运用能力。第五学期后半期及第六学期进行顶岗实习。

（四）改革教学方法和手段

酒店管理专业的核心课程都是实践操作性很强的课程，因此，改革传统的教学方法，采取了新颖灵活的教学方法和手段。

1. 头脑风暴法

头脑风暴是教师引导学生就某一课题自由发表意见。该法是一种能够在最短的时间内获得最多的思想和观点的工作方法，通过集体讨论，集思广益，促使学生对某一教学课题产生自己的意见，通过同学之间的相互激励引发连锁反应，从而获得大量的构想，经过组合和改进，达到创造性解决问题的目的。如在讲授《酒店营销与策划实务》课程的"酒店产品设计"时，通过采用头脑风暴法引导学生讨论设计富有创意的酒店餐饮、客房等产品。

2. 理实一体化教学法

理实一体化教学法，即理论实践一体化教学法。这种方法突破以往理论与实践相脱节的现象，教学环节相对集中。它强调充分发挥教师的主导作用，通过设定教学任务和教学目标，让师生双方边教、边学、边做，全程构建素质和技能培养框架，丰富课堂教学和实践教学环节，提高教学质量。在整个教学环节中，理论和实践交替进行，直观和抽象交错出现，没有固定的先实后理或先理后实，而是理中有实，实中有理，是突出学生动手能力和专业技能的培养、充分调动和激发学生学习兴趣的一种教学方法。如在讲授《客房服务与管理》课程的"中式铺床"时，先给学生讲授"中式铺床"的流程和注意事项，然后由教师示范"中式铺床"的动作，紧接着由学生进行实操练习，从而实现理实一体化教学。

3. 把课堂搬到酒店，实施现场教学

实施工学结合的教学模式，校企共享教学资源，由校内专职教师和酒店师傅共同进行现场教学，酒店真实的服务环境给学生提供了现场服务的操作机会。

4. 项目教学法

该方法是师生通过共同实施一个完整的"项目"工作而进行的教学行动，项目为学习任务的载体。项目教学法通过一个个具体的项目实施，能增强学生解决实际问题的能力，如表3-1至表3-7所示。

表3-1　《餐饮服务与管理》项目教学设计

项目	项目内容	典型工作任务	课时数
项目一	餐前准备工作	（1）了解营造合适的就餐环境的方法 （2）了解获取菜单新信息的内容及方法 （3）理解做好floor plan的注意事项 （4）掌握就餐区域、宾客用餐设施的清洁标准 （5）熟练掌握常用设施设备的检查和准备方法	12
项目二	中西餐摆台	（1）掌握托盘五步骤 （2）掌握铺台布方式 （3）掌握餐巾折花的分类及方法 （4）掌握餐用具的摆放方式	24
项目三	迎宾应接工作	（1）了解迎宾前应做的准备工作 （2）灵活掌握餐位分配的方法 （3）掌握呈递菜单、酒单的方法 （4）掌握宾客落座后端茶、递巾、落巾、撤筷的方法	12
项目四	点菜工作	（1）熟悉点菜的基本步骤 （2）规范填写点菜单的要求 （3）了解点菜过程中易发生的突发事件	12
项目五	结账工作	（1）了解餐厅对客结账的常用方式 （2）掌握餐厅结账的服务程序	6
项目六	结束收尾工作	（1）了解餐厅收档工作的具体内容 （2）掌握餐厅收档工作的服务流程	8

表3-2　《客房服务与管理》项目教学设计

项目	项目内容	典型工作任务	课时数
项目一	认识客房及客房部	（1）认识客房 （2）认识客房部	32
项目二	客房清洁服务与管理	（1）客房清洁与服务 （2）客房基层管理	60
项目三	公区清洁与管理	（1）公区清洁 （2）公区管理	36
项目四	洗衣房业务操作与管理	（1）洗衣房业务操作 （2）洗衣房管理	20

表3-3 《酒店人力资源管理》项目教学设计

项目	项目内容	典型工作任务	课时数
项目一	人力资源规划	（1）人力资源需求预测 （2）人力资源供给预测 （3）人力资源供需平衡	12
项目二	招聘与配置	（1）招聘需求信息的采集与发布 （2）招募渠道的选择 （3）应聘人员的选拔 （4）员工录用与管理	12
项目三	培训与开发	（1）培训计划与日常管理 （2）培训的组织管理 （3）培训后的考核与评估工作	16
项目四	绩效管理	（1）绩效考评信息管理 （2）绩效管理制度起草 （3）绩效管理的跟进与监控	10
项目五	薪酬管理	（1）薪酬信息采集 （2）员工工资的统计 （3）员工福利费用核算 （4）员工"五险一金"等购买	10
项目六	员工关系管理	（1）劳动关系的建立 （2）劳动合同管理 （3）劳动安全卫生管理	12

表3-4 《前厅服务与管理》项目教学设计

项目	项目内容	典型工作任务	课时数
项目一	接受与办理预订	（1）客人当面预订 （2）电话预订 （3）传真预订 （4）超额预订 （5）团队预订 （6）预订的确认、存档 （7）预订的修改、取消	36
项目二	提供住宿接待服务	（1）散客入住登记 （2）团队入住登记 （3）房态调整服务	40

续表

项目	项目内容	典型工作任务	课时数
项目三	提供礼宾服务	（1）门童服务 （2）行李服务 （3）委托代办服务	36
项目四	处理投诉	（1）硬件问题投诉的处理 （2）服务方面投诉的处理 （3）突发事件的处理	28
项目五	管理客户服务质量	（1）客史管理 （2）满意度管理	12

表3-5　《酒吧与酒水服务》项目教学设计

项目	项目内容	典型工作任务	课时数
项目一	酒水知识	（1）酒水分类及识别能力 （2）六大基酒识别能力 （3）配置酒的识别和服务 （4）酒吧接待服务能力 （5）酒吧日常管理能力 （6）鸡尾酒会策划能力 （7）鸡尾酒酒品成本控制和核算能力	60
项目二	调酒	（1）4种鸡尾酒调制能力 （2）20种经典鸡尾酒调制能力以及鸡尾酒创新、创作能力	50

表3-6　《酒店管理概论》项目教学设计

项目	项目内容	典型工作任务	课时数
项目一	饭店和饭店管理概述	（1）饭店的概念和功能，饭店的类型和等级 （2）饭店管理概述 （3）饭店的发展趋势 （4）饭店集团的经营形式和优势	8
项目二	饭店组织管理	（1）饭店组织机构设置的原则和要求 （2）饭店组织机构设置 （3）饭店的管理制度	6

项目	项目内容	典型工作任务	课时数
项目三	饭店经营理念	（1）CI、CS、CL、ES经营理念的基本含义 （2）饭店经营战略的内容和制定过程 （3）饭店的经营思想和方针 （4）饭店的风险管理	6
项目四	饭店服务质量管理	（1）饭店服务质量与管理 （2）饭店服务质量管理的基本程序 （3）饭店服务质量管理的方法 （4）饭店服务质量衡量标准与评价体系	8
项目五	饭店企业文化和现代技术的应用	（1）饭店的企业文化 （2）饭店的公共关系 （3）现代饭店的信息管理与电子商务	8

表3-7 《宴会设计与服务》项目教学设计

项目	项目内容	典型工作任务	课时数
项目一	宴会的承接	（1）掌握宴会的种类和特点 （2）掌握与客户沟通的知识 （3）熟悉主题宴会流行趋势 （4）掌握签订合同规定条款的意义	8
项目二	宴会菜单设计	（1）中西式菜点、酒水知识 （2）菜单、酒单的排版知识	14
项目三	宴会餐台设计	（1）宴会餐具搭配知识 （2）宴会插花知识、色彩搭配知识 （3）中西式餐具、布件搭配知识	10
项目四	宴会场景设计	（1）中西餐台型布局知识 （2）色彩、灯光、音乐搭配知识 （3）宴会厅壁饰、摆件、通道装饰知识	8
项目五	宴会活动设计	（1）宴会活动设计的用途，地方特色文艺表演知识 （2）宴会活动的程序	8

续表

项目	项目内容	典型工作任务	课时数
项目六	宴会预算	（1）了解装饰品、酒店用品价格走势 （2）掌握宴会预算包括项目	8
项目七	宴会服务管理	（1）掌握中西餐宴会服务流程 （2）掌握中西餐宴会接待方案的编写方法	8
项目八	宴会安全管理	掌握宴会常见安全事故的种类、特点和处理方法	6
项目九	宴会资料存档	掌握文档存档的方法	6

此外，我们还对《酒店电子商务》《餐饮经营与管理》《酒店法规》《酒店财务管理》《职场健康与安全》及《职场交流》等课程进行了项目化教学设计。

5. 信息化教学——"众创学堂"

"众创学堂"就是在互联网环境下，采用线上线下混合式学习方式，"师生构建——课程重组——合作探究——众创分享"，打造以学习者为中心的课堂。

"众创学堂"的创新点：一是超越课堂，线上学习，线下体验，构建一种新型学习方式；二是跨界综合，打破了学科界线，通过主题式探究学习，培养学生综合运用知识的能力；三是"众创分享"，学生与教师共同构建课程，众创分享课程，由知识的消费者转变成为创造者。

"众创学堂"实施模式："一个思路""四个流程""五个步骤"。

（1）一个思路。

首先是明晰课程目标，弄清楚学习内容以及掌握哪些具体能力，这是教学设计的基础。其次是创造性地使用教材，设计生动有趣的学生学习活动。再次是选择方式方法，要考虑使用什么样的技术工具？要让技术深度融合于学习，通过技术促进学习。最后是实施过程性评价，要考虑如何对学生的学习活动情况进行评估。评估是学习的重要组成部分，评估要贯穿学习过程的始终。根据课程目标，教师可以和学生一起创建各种评价量规引导、激励、促进学习。

（2）四个流程。

选择一个网络课程平台——信息化学习环境；创建混合式学习课程——信息化学习内容；设计混合式学习活动——信息化学习方式——技术支持学习；实施混合式学习活动——信息化学习活动。

（3）五个步骤。

第一步：制作上传学习资源。

信息技术提供资源环境。在活动前（课前）制作与主题活动相关的微视频、互动电子书、自主学习任务单等，上传网络学习平台。

第二步：评价量规了解需求，布置学习任务。

信息技术作为评价工具。利用网络学习平台，使用评价量规等进行调查，了解学习者需求及已有知识经验和能力。

第三步：自主学习、实践探究、成果上传。

信息技术作为信息加工与知识构建的工具。学习者利用电脑或移动终端在网络平台进行自主学习，使用学习工具完成自主学习任务，开展探究活动，实践、体验主题探究学习活动全过程，形成作品并上传到网络学习平台。

第四步：成果展示、同伴互评、深度互动。

信息技术作为合作、交互、探究和发现学习的工具。课堂上引导学生分小组合作汇报自主学习成果作品，同伴互评，教师促进高水平的互动，深化学习。

第五步：评价量规了解目标达成度，反思改进。

信息技术作为评价工具。利用学习资源和评价量规进行学习测评，了解学习活动效果，评估总体研学活动目标达成度。

6. 思维导图法

思维导图，是用来组织和表征知识的工具，通常将某一主题的有关概念置于圆圈或方框之中，然后用连线将相关的概念和命题连接，连线上标明两个概念之间的意义关系。"思维导图"是一种独特的画图方式，将思维重点、思维过程以及不同思路之间的联系清晰地呈现在图中。这种方式在处理复杂的问题时，一方面能够显示出思维的过程，另一方面可以很容易理清层次，让学生掌握住重点，启发联想力与创造力。如在讲授《酒店营销与策划实务》课程的"节日营销活动策划"时，通过思维导图法向学生讲解"圣诞晚会"的策划流程。

7. 扩展小组教学法

扩展小组教学法是培养学生合作学习的一种方式。此方法主要分为以下四个阶段。

第一阶段："独立工作"，学生独立思考教师布置的任务或问题。假如某班有32名学生，教师向学生提出"初入酒店职场的人应具备哪些能力？"学生思考后，将答案记录下来。

第二阶段："两人合作"，比较两人的答案，并共同找出最重要的三项能力。

第三阶段："四人一组"，小组成员比较答案，选出认为最重要的三项能力。

第四阶段："八人一组"，在4个大组中比较答案，选出共同认为最重要的三项能力，最后将大组的讨论结果展示在展板上。

（五）改革教学进程计划

学生三年学校期间，每个学期的教学与实习计划均由学校和酒店双方共同制定，双方分别承担理论与实践的教学任务，以学生服务意识、服务技能、方法能力、管理能力、创新能力的培养为目标，每个学期的理论与实践教学有不同的侧重点。

（六）制定个性化的学生酒店实习培训计划

酒店前厅部、餐饮部、客房部、人力资源部、销售部、培训部等部门联合为项目班级的学生制定"实践计划"。学生在酒店实习期间，每隔一段时间要到酒店主要部门进行轮岗实习和培训。

1.学生在酒店进行跟岗学习及顶岗实习计划

表3-8是重庆工业职业技术学院2016级酒店管理专业学生第三学年在酒店进行跟岗学习及顶岗的实习计划表，详细说明了学生所在的实习部门、岗位、师傅和职业发展规划。

表3-8　重庆工业职业技术学院2016级酒店管理专业学生
第三学年在酒店进行跟岗学习及顶岗实习计划表

序号	班级	姓名	学号	部门	岗位	师傅	职业发展规划
1	16级酒店301			客房部	服务员		客房服务员与餐饮服务员轮岗
2	16级酒店301			客房部	服务员		餐饮、客房、前厅轮岗培育
3	16级酒店301			客房部	服务员		餐饮、客房、前厅轮岗培育
4	16级酒店301			客房部	服务员		客房服务员与餐饮服务员轮岗
5	16级酒店302			客房部	服务员		餐饮、客房、前厅轮岗培育

续表

序号	班级	姓名	学号	部门	岗位	师傅	职业发展规划
6	16级酒店302			客房部	服务员		餐饮、客房、前厅轮岗培育
7	16级酒店302			客房部	服务员		餐饮、客房、前厅轮岗培育
8	16级酒店301			前厅部	接待		餐饮、客房、前厅轮岗培育
9	16级酒店302			前厅部	接待		餐饮、客房、前厅轮岗培育
10	16级酒店302			前厅部	接待		餐饮、客房、前厅轮岗培育
11	16级酒店301			销售部	销售		销售、前厅、吧台轮岗培育
12	16级酒店302			销售部	销售		餐饮、客房实习、培养销售
13	16级酒店301			餐饮部	服务员		餐饮、客房、前厅轮岗培育
14	16级酒店301			餐饮部	服务员		餐饮、客房、前厅轮岗培育
15	16级酒店301			餐饮部	传菜员		餐饮、客房轮岗培育
16	16级酒店301			餐饮部	服务员		餐饮、客房、书吧轮岗培育
17	16级酒店301			餐饮部	服务员		餐饮、客房、前厅轮岗培育
18	16级酒店301			餐饮部	传菜员		餐饮、客房、吧台轮岗，储备干部
19	16级酒店301			餐饮部	服务员		餐饮、客房、前厅轮岗培育
20	16级酒店301			餐饮部	服务员		餐饮、客房、前厅轮岗培育
21	16级酒店302			餐饮部	传菜员		餐饮、客房、前厅轮岗培育
22	16级酒店302			餐饮部	服务员		餐饮、客房、书廊销售员轮岗培训
23	16级酒店302			餐饮部	服务员		餐饮、客房轮岗培育
24	16级酒店302			餐饮部	传菜员		餐饮、客房、书廊销售员轮岗培训

2. 学生在酒店餐饮部培训计划

表3-9是重庆工业职业技术学院2016级酒店管理专业学生第三学年在酒店餐饮部的培训计划表，显示了培训时间、培训内容、培训方式等。培训内容包括：① 酒店和部门信息；② 仪容仪表和礼仪礼貌规范；③ 到岗岗位培训；④ 岗位SOP操作技能培训；⑤ 餐厅管理制度与程序。

（1）酒店和部门信息：酒店管理公司情况和其他分店情况信息；酒店基本信息、总机号码、地理位置和周边环境（银行、餐厅、药房、商场和周边景点等）；酒店所有营业区域所在的具体位置、营业模式、营业时间、收费标准等；酒店组织架构信息及各部门管理人员信息、各部门岗位职责；餐饮部部门区域、设施设备、物资；各楼层餐饮分布情况及房间功能；酒店考勤管理制度；酒店宿舍及其员工食堂管理制度；餐饮部部门规章制度等。

（2）仪容仪表和礼仪礼貌规范：仪容仪表规范；礼仪礼貌规范；电话礼仪和接听标准规范要求等。

（3）到岗岗位培训：餐饮部各岗位职责和服务内容；餐饮部对客服务用具操作使用学习，包括圆托、醒酒器、分酒器、海马刀、打印账单、电饭煲、冰箱；餐厅收银系统基础了解；菜单、酒水单培训，点菜培训；各班次工作任务单培训等。

（4）岗位SOP操作技能培训：托盘操作服务规范标准操作程序及标准；铺桌布服务工作标准操作程序及标准；中餐摆台服务操作程序及标准；宴会（婚宴）接待规范服务操作程序及标准；迎宾服务操作程序及标准；香巾服务操作程序及标准；茶水服务操作程序及标准；为客人点菜服务操作程序及标准；点酒水服务操作程序及标准；酒水的开瓶服务操作程序及标准；斟酒服务操作程序及标准；上菜服务操作程序及标准；餐中巡台服务操作程序及标准；中餐具撤换服务操作程序及标准；换烟灰缸服务操作程序及标准；结账服务操作程序及标准；餐厅送客结账服务操作程序及标准；中餐宴会铺台服务操作程序及标准；中餐宴会服务操作程序及标准；各种大型会议服务操作程序及标准；送餐服务操作程序及标准；餐厅退菜、取消、食物服务工作操作程序及标准；客人投诉处理服务操作程序及标准；餐厅服务应知应会等。

（5）餐厅管理制度与程序：餐厅棉织品管理规定程序及标准；餐厅交接班管理制度程序及标准；金银器管理制度程序及标准；餐饮部会议管理制度程序及标准；餐厅钥匙管理控制程序及标准；餐厅仓库领货控制程序；餐厅物资盘点工作程

序及标准；餐厅卫生管理制度控制程序及标准；餐具使用和保存管理制度控制程序及标准；餐饮部维修工作程序及标准；关于私藏客人酒水、烟的处罚规定等。

表3-9　重庆工业职业技术学院2016级酒店管理专业学生第三学年在酒店餐饮部培训计划表

序号	培训日期	培训时间	培训内容	培训方式
			（1）酒店和部门信息	
1			酒店管理公司情况和其他分店情况信息	酒店统一新员工培训中进行
2			酒店基本信息、总机号码、地理位置和周边环境（银行、餐厅、药房、商场和周边景点等）	现场实际讲解
3			酒店所有营业区域所在的具体位置、营业模式、营业时间、收费标准等	现场实际讲解
4			酒店组织架构信息及各部门管理人员信息、各部门岗位职责	现场实际讲解
5			餐饮部部门区域、设施设备、物资	现场实际讲解
6			餐饮部岗位职责	授课
7			各楼层餐饮分布情况及房间功能	现场实际讲解
8			酒店考勤管理制度	授课
9			酒店宿舍及其员工食堂管理制度	授课
10			餐饮部部门规章制度	授课
11			餐饮部安全管理制度	授课
			（2）仪容仪表和礼仪礼貌规范	
12			仪容仪表规范	授课
13			礼仪礼貌规范	授课
14			电话礼仪和接听标准规范要求	授课
15			服务标准规范	授课
			（3）到岗岗位培训	
16			餐饮部各岗位职责和服务内容	授课
17			餐饮部对客服务用具操作使用学习（包括圆托、醒酒器、分酒器、海马刀、打印账单、电饭煲、冰箱）	现场实际讲解
18			餐厅收银系统基础了解	现场实际讲解
19			菜单、酒水单培训、点菜培训	现场实际讲解
20			各班次工作任务单培训	授课
21			交班会会议程序和内容	授课

续表

序号	培训日期	培训时间	培训内容	培训方式
			（4）岗位SOP操作技能培训	
22			托盘操作服务规范标准操作程序及标准	授课和情景演练
23			铺桌布服务工作标准操作程序及标准	授课和情景演练
24			中餐摆台服务操作程序及标准	授课和情景演练
25			宴会（婚宴）接待规范服务操作程序及标准	授课和情景演练
26			迎宾服务操作程序及标准	授课和情景演练
27			香巾服务操作程序及标准	授课和情景演练
28			茶水服务操作程序及标准	授课和情景演练
29			为客人点菜服务操作程序及标准	授课和情景演练
30			点酒水服务操作程序及标准	授课和情景演练
31			酒水的开瓶服务操作程序及标准	授课和情景演练
32			斟酒服务操作程序及标准	授课和情景演练
33			上菜服务操作程序及标准	授课和情景演练
34			餐中巡台服务操作程序及标准	授课和情景演练
35			中餐具撤换服务操作程序及标准	授课和情景演练
36			换烟灰缸服务操作程序及标准	授课和情景演练
37			结账服务操作程序及标准	授课和情景演练
38			餐厅送客结账服务操作程序及标准	授课
39			中餐宴会铺台服务操作程序及标准	授课和情景演练
40			中餐宴会服务操作程序及标准	授课
41			各种大型会议服务操作程序及标准	授课
42			送餐服务操作程序及标准	授课和情景演练
43			餐厅退菜、取消、食物服务工作操作程序及标准	授课和情景演练
44			客人投诉处理服务操作程序及标准	授课
45			餐厅服务应知应会	授课
46			餐饮常见问题处理办法	授课
			（5）餐厅管理制度与程序	
47			餐厅棉织品管理规定程序及标准	现场实际讲解
48			餐厅交接班管理制度程序及标准	现场实际讲解
49			金银器管理制度程序及标准	现场实际讲解
50			餐饮部会议管理制度程序及标准	授课
51			餐厅钥匙管理控制程序及标准	授课

序号	培训日期	培训时间	培训内容	培训方式
52			餐厅仓库领货控制程序	授课
53			餐厅物资盘点工作程序及标准	授课
54			餐厅卫生管理制度控制程序及标准	授课
55			餐具使用和保存管理制度控制程序及标准	现场实际讲解
56			餐饮部维修工作程序及标准	授课
57			关于私藏客人酒水、烟的处罚规定	授课
58			客人遗留物品处理规定	授课

2016级酒店管理专业学生谢萱在重庆威灵顿酒店餐饮部实习如图3-6所示。

图3-6　2016级酒店管理专业学生谢萱在重庆威灵顿酒店餐饮部实习

3. 学生在酒店前厅部培训计划

表3-10是重庆工业职业技术学院2016级酒店管理专业学生第三学年在酒店前厅部培训计划表，显示了培训时间、培训内容、培训方式等。培训内容包括：① 酒店和部门信息；② 仪容仪表和礼仪礼貌规范；③ 到岗岗位培训；④ 岗位SOP操作技能培训；⑤ 岗位制度和专业知识培训。

（1）酒店和部门信息：酒店管理公司情况和其他分店情况信息；酒店基本信息、总机号码、地理位置和周边环境（银行、餐厅、药房、商场和周边景点等）；酒店所有营业区域所在的具体位置、营业模式、营业时间、收费标准等；酒店组织架构信息及各部门管理人员信息，各部门岗位职责；前厅部部门区域、设施设备、商品品种和价格；前厅部岗位职责；客房楼层分布情况、熟知房型和房价、房间物品配备情况；酒店考勤管理制度；酒店宿舍及其员工食堂管理制度等。

（2）仪容仪表和礼仪礼貌规范：仪容仪表规范；礼仪礼貌规范；电话礼仪和接听标准规范要求等。

（3）到岗岗位培训：前厅部前台接待岗位职责和服务内容；前厅部岗位设施设备和对客服务用具操作使用学习，包括公安系统登记、打印机、制卡机、POS机、打印发票、扫描证件、行李车的使用、雨伞租借等；前台操作系统基础了解；前台财务管理制度；前厅部岗位各种单据的识别和内容填写要求；系统话务台培训；各班次工作任务单培训等。

（4）岗位SOP操作技能培训：客人抵店（门迎）；客人离店（门迎）；开车门服务；行李服务和寄存行李；团队行李处理程序；带客上房；前厅商品售卖程序；罗盘操作系统详细认知；散客预订和团队预订；预订信息更改和取消；超额预订情况的处理；为预抵散客做准备；无预订散客入住；有预订散客入住；常客入住以及房间钥匙安排等。

（5）岗位制度和专业知识培训：自助机的使用操作；机器人的使用操作；房卡和钥匙管理制度；宾客意见收集和处理；VIP接待程序；发票管理制度；房控管理制度；贵重物品寄存程序；境外证件登记制度；护照、货币识别；遗留物品处理程序；客房参观程序；投诉处理程序；突发事件处理程序；前厅部应急预案；金钥匙服务、委托代办程序等。

表3-10　重庆工业职业技术学院2016级酒店管理专业学生第三学年在酒店前厅部培训计划表

序号	培训日期	培训时间	培训内容	培训方式
			（1）酒店和部门信息	
1			酒店管理公司情况和其他分店情况信息	酒店对新员工的统一培训中进行
2			酒店基本信息、总机号码、地理位置和周边环境（银行、餐厅、药房、商场和周边景点等）	现场实际讲解

续表

序号	培训日期	培训时间	培训内容	培训方式
3			酒店所有营业区域所在的具体位置、营业模式、营业时间、收费标准等	现场实际讲解
4			酒店组织架构信息及各部门管理人员信息、各部门岗位职责	现场实际讲解
5			前厅部部门区域、设施设备、商品品种和价格	现场实际讲解
6			前厅部岗位职责	授课
7			客房楼层分布情况、熟知房型和房价、房间物品配备情况	现场实际讲解
8			酒店考勤管理制度	授课
9			酒店宿舍及其员工食堂管理制度	授课
10			前厅部部门规章制度	授课
11			前厅部安全管理制度	授课
			（2）仪容仪表和礼仪礼貌规范	
12			仪容仪表规范（见服务礼仪100项）	授课
13			礼仪礼貌规范（见服务礼仪100项）	授课
14			电话礼仪和接听标准规范要求	授课
15			服务标准规范（见服务礼仪100项）	授课
			（3）到岗岗位培训	
16			前厅部前台接待岗位职责和服务内容	授课
17			前厅部岗位设施设备和对客服务用具操作使用学习（包括公安系统登记、打印机、制卡机、POS机、打印发票、扫描证件、行李车的使用、雨伞租借等）	现场实际讲解
18			前台操作系统基础了解	现场实际讲解
19			前台财务管理制度（备用金及其有价证券管理）	授课
20			前厅部岗位各种单据的识别和内容填写要求	现场实际讲解
21			系统话务台培训（接听挂断、置忙、转接电话、来电查询、设置叫醒和开通长话等）	现场实际讲解
22			各班次工作任务单培训	授课
23			交班会会议程序和内容	授课

续表

序号	培训日期	培训时间	培训内容	培训方式
			（4）岗位SOP操作技能培训	
24			客人抵店（门迎）	授课和情景演练
25			客人离店（门迎）	授课和情景演练
26			开车门服务	授课和情景演练
27			行李服务和寄存行李	授课和情景演练
28			团队行李处理程序	授课和情景演练
29			带客上房	授课和情景演练
30			前厅商品售卖程序	授课和情景演练
31			罗盘操作系统详细认知	授课
32			散客预订和团队预订	授课
33			预订信息更改和取消	授课
34			超额预订情况的处理	授课
35			为预抵散客做准备	授课
36			无预订散客入住	授课
37			有预订散客入住	授课
38			常客入住	授课
39			房间钥匙安排	授课
40			团队抵店前接待的准备	授课
41			会议团队入住	授课
42			旅游观光团团队入住	授课
43			预抵客人房间分配	授课
44			押金收取制度	授课
45			现金的识别及押金的正确开具	授课
46			信用卡的识别、受理及操作功能	授课
47			微支付押金的正确收取	授课
48			支票的识别与填写	授课
49			散客退房	授课
50			延迟退房处理	授课
51			续住程序	授课
52			换房程序和调房	授课
53			团队结账	授课

续表

序号	培训日期	培训时间	培训内容	培训方式
54			满房情况处理	授课
55			提前离店	授课
56			自动退房程序	授课
57			待结账操作程序	授课
58			请勿打扰和保密信息	授课
59			客人授权他人使用钥匙	授课
60			双锁（封房门处理）	授课
61			投诉的处理	授课
62			VIP入住	授课
63			参观房制度	授课
64			房态差异	授课
65			处理杂项收费	授课
66			费用冲减处理	授课
67			入住时向客人转交物品	授课
68			处理客人预订	授课
69			前台物品管理	授课
70			快速结账	授课
71			内部自用房	授课
72			客人未结账已离店	授课
73			免费房	授课
74			房间赠品	授课
75			住店客人房间房卡存取	授课
76			检查当日预离房间	授课
77			备用金管理	授课
78			房间优先清洁	授课
79			无预订VIP入住程序	授课
80			推销高价房	授课
81			免费升级房	授课
82			日租房和钟点房	授课
83			房价变更	授课
84			加床处理	授课
85			预订未抵	授课

序号	培训日期	培训时间	培训内容	培训方式
86			前台取消预订	授课
87			叫醒服务	授课
88			VIP叫醒服务	授课
89			电梯紧急电话	授课
90			失物招领	授课
91			电话处理火警	授课
92			外部物品转交	授课
93			外转物品寄存	授课
94			出借物品服务	授课
95			定金收取制度、担保他人费用的规程	授课
96			特殊价格申请的流程、操作	授课
97			酒店自用房、宴请房操作流程	授课
98			境外证件的识别、境内外公安系统的上传及中软系统的录入	授课
			（5）岗位制度和专业知识培训	
99			自助机的使用操作	现场实际讲解
100			机器人的使用操作	现场实际讲解
101			房卡和钥匙管理制度	授课
102			宾客意见收集和处理	授课
103			VIP接待程序	授课
104			发票管理制度	授课
105			房控管理制度	授课
106			贵重物品寄存程序	授课
107			境外证件登记制度	授课
108			护照、货币识别	授课
109			遗留物品处理程序	授课
110			客房参观程序	授课
111			投诉处理程序	授课
112			突发事件处理程序	授课
113			前厅部应急预案	授课
114			金钥匙服务、委托代办程序	授课
115			前厅部基础英语培训（每天）	授课

2016级酒店管理专业学生何欣在重庆心景酒店前台实习如图3-7所示。

图3-7　2016级酒店管理专业学生何欣在重庆心景酒店前台实习

4. 学生在酒店销售部培训计划

表3-11是重庆工业职业技术学院2016级酒店管理专业学生第三学年在酒店销售部培训计划，显示了培训时间、培训内容、培训方式等。培训内容包括：① 酒店和部门信息；② 仪容仪表和礼仪礼貌规范；③ 到岗岗位培训；④ 岗位SOP操作技能培训；⑤ 专业知识培训。

（1）酒店和部门信息：酒店管理公司情况和其他分店情况信息；酒店基本信息、总机号码、地理位置和周边环境（银行、餐厅、药房、商场和周边景点等）；酒店所有营业区域所在的具体位置、营业模式、营业时间、收费标准等；酒店组织架构信息及各部门管理人员信息、各部门岗位职责；前厅部部门区域、设施设备、商品品种和价格；销售经理岗位职责；客房楼层分布情况、熟知房型和房价、房间物品配备情况；酒店考勤管理制度以及酒店宿舍及其员工食堂管理制度等。

（2）仪容仪表和礼仪礼貌规范：仪容仪表规范；礼仪礼貌规范；电话礼仪和接听标准规范要求等。

（3）到岗岗位培训：销售经理的岗位职责；销售意识等。

（4）岗位SOP操作技能培训：接待大型团队前检查各个分部的注意事项；接待

中的跟进各项情况及落实的注意事项；收集客人意见的注意事项；怎样建立宾客档案；怎样使用系统预订；怎样查看各项报表等。

（5）专业知识培训：谈判技巧。

表3-11　重庆工业职业技术学院2016级酒店管理专业学生第三学年在酒店销售部培训计划表

序号	培训日期	培训时间	培训内容	培训方式
			（1）酒店和部门信息	
1			酒店管理公司情况和其他分店情况信息	酒店对新员工的统一培训中进行
2			酒店基本信息、总机号码、地理位置和周边环境（银行、餐厅、药房、商场和周边景点等）	现场实际讲解
3			酒店所有营业区域所在的具体位置、营业模式、营业时间、收费标准等	现场实际讲解
4			酒店组织架构信息及各部门管理人员信息、各部门岗位职责	现场实际讲解
5			前厅部部门区域、设施设备、商品品种和价格	现场实际讲解
6			销售经理岗位职责	授课
7			客房楼层分布情况、熟知房型和房价、房间物品配备情况	现场实际讲解
8			酒店考勤管理制度	授课
9			酒店宿舍及其员工食堂管理制度	授课
10			销售部部门规章制度	授课
11			酒店安全管理制度	授课
			（2）仪容仪表和礼仪礼貌规范	
12			仪容仪表规范	授课
13			礼仪礼貌规范	授课
14			电话礼仪和接听标准规范要求	授课
15			服务标准规范	授课
			（3）到岗岗位培训	
16			销售经理的岗位职责	授课
17			销售意识（销售员应具备哪些心理素质）	授课
18			罗盘系统了解及操作	现场实际讲解
			（4）岗位SOP操作技能培训	
19			接待大型团队前检查各个分部的注意事项	授课

序号	培训日期	培训时间	培训内容	培训方式
20			接待中的跟进各项情况及落实的注意事项	授课和情景演练
21			收集客人意见的注意事项	授课和情景演练
22			怎样建立宾客档案	授课
23			怎样使用系统预订	情景演练
24			怎样查看各项报表	情景演练
25			说话的技巧	情景演练
			（5）专业知识培训	
26			谈判技巧	现场实际讲解

2016级酒店管理专业学生谭春梅在重庆北碚悦榕庄销售部实习如图3-8所示。

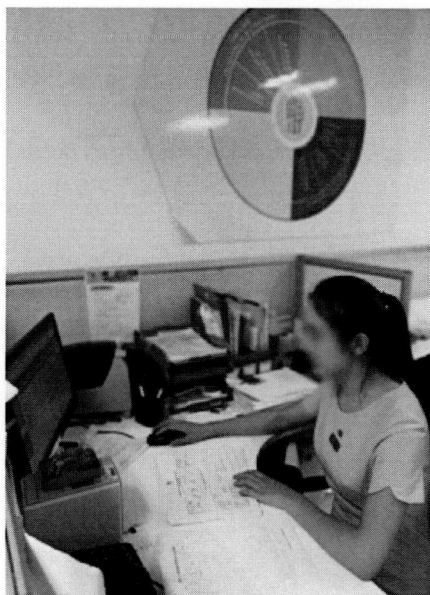

图3-8　16级酒店管理专业学生谭春梅在重庆北碚悦榕庄销售部实习

（七）建立教学管理与运行保障机制

酒店与学校共同建立了一套人才培养模式下的校企双向考核机制。酒店以其工作流程及标准、校企合作协议规定的相关制度为评价依据，学校以教学管理制度、学生管理制度为评价依据，分别对学生酒店岗位实践表现和在校表现进行考核。酒店每学期评选各部门"优秀学员",给予一定的奖励,并提供外地酒店观摩实践的机会。这种学院和酒店双向考核的机制,不仅从制度上规范了人才培养计划中学生的综合考评,而且对学生在项目实施中的思想和行为都有正向的激励和引导作用。

(八)重新构建课程体系

改革传统的课程体系,构建基础能力与职业能力渐进式课程新体系。酒店管理专业以培养国际化高素质技能型人才为专业人才培养目标,培养学生的两个意识(职业认同意识、服务意识)、三项核心职业技能(前厅服务、餐饮服务、客房服务)、三种能力(方法能力、管理能力、创新能力)。改革原有的学科课程体系,构建了基础能力与职业能力渐进式课程体系,由"基础能力培养系统""核心职业能力培养系统""复合职业能力培养系统"3个子系统组成。[①]"基础能力培养系统"3个模块的主要课程集中安排在第一、第二学期,以培养学生的通识能力及酒店行业基本素质为主线,以酒店认知实习、国际酒店管理集团文化宣讲、酒店职业经理人讲座等开放性实践活动为载体,特别注重对学生职业认同感的培养,为学生职业能力的培养打好基础。"核心职业能力培养系统"2个模块的主要课程集中安排在第三、第四学期,以前厅服务与管理能力、客房服务与管理能力、餐饮服务与管理能力3大核心职业岗位能力培养为主线,以多岗位实践计划、校内实训等职业性实践活动为载体,使学生在真实职场中的对客服务和团队合作中获得核心服务能力和核心管理能力。"复合职业能力课程系统"2个模块的主要课程集中安排在第五学期,在学生具备核心职业能力的基础上拓展相关职业岗位知识和能力。基础能力与职业能力渐进式课程体系的最后环节为顶岗实习,安排在第六学期。根据学生在多岗位实践计划中的表现和酒店实际岗位需求等有针对性地安排学生顶岗实习的岗位。学生在顶岗实习过程中还需完成学院规定的毕业设计任务,顶岗实习环节是使基础能力培养与职业能力培养融合的实践载体。

此外,重新开发和建设核心课程。根据酒店管理专业人才培养目标,以深入细致的行业调研为基础,对酒店管理专业毕业生就业的职业岗位群——"星级酒店作业层管理及服务人员"中的前厅服务与管理、餐饮服务与管理、客房服务与管理核心岗位进行了典型工作任务分析和职业能力需求分析。调研分析结果显示,在星

级酒店如果能够胜任以上岗位工作，必须具备熟练的对客服务能力和基本的团队管理能力这2类能力以及23个职业岗位能力。因此，对酒店管理专业基础能力与职业能力渐进式课程体系中的核心职业能力培养系统进行了以能力为本位的工作过程系统化课程设计与开发。根据23个职业岗位能力要求确定核心职业能力课程系统23个课程能力标准，其中核心服务能力模块中的《前厅服务与管理》《餐饮服务与管理》《客房服务与管理》3门课程共开发10个课程能力标准，核心管理能力课程模块中的《酒店营销》《酒店人力资源管理》《酒店财务》3门课程共开发13个课程能力标准。核心职业能力系统23个课程能力标准如表3-12所示。

表3-12 核心职业能力系统23个课程能力标准列表

科目	对应职业岗位	序号	课程能力标准	职业岗位能力描述
餐饮服务与管理	星级酒店餐饮部中餐厅、西餐厅、送餐部等作业层管理及服务岗位	1	提高与更新餐饮知识	收集分析餐饮信息
				与宾客分享信息
		2	提供餐饮服务	为就餐区域的服务做准备
				正确摆台
				迎接顾客
				点菜及菜单处理
				食品饮料服务及撤台
				结束收尾
		3	提供送餐服务	接受和处理送餐服务订单
				准备餐碟和送餐手推车
				提供送餐服务
				提供送餐服务账目
				清理送餐服务区域
前厅服务与管理	星级酒店前厅部前台接待、行李员、预订员	4	接收和办理预订	接受预订
				记录预订详情
				更新预订
				告知其他人预订细节
		5	提供住宿接待服务	为客人的到达做好准备
				欢迎并登记到达客人
				组织客人离店
				准备前厅记录和报告
		6	提供行李服务	处理客人到达及离店
				帮助客人搬运行李
				与行李服务台密切配合
		7	夜间审计	监督财务事务
				完成日常记录和报告

续表

科目	对应职业岗位	序号	课程能力标准	职业岗位能力描述
客房服务与管理	星级酒店客房部公区及楼层服务及管理岗位	8	为客人准备房间	准备设备和工作车
				进房服务
				理床
				清扫房间
				清洁、保存工作车和设备
		9	为客人提供客房服务	处理客房服务需求
				告知客人房间及客房服务设备
		10	清洁场所和设备	挑选和摆放设备和物品
				清洁干、湿区域
				保养和贮藏清洁设备和清洁
酒店营销	星级酒店所有作业层管理及服务岗位	11	推销产品和服务	提高和保持产品/服务营销知识
				鼓励客户使用或购买产品和服务
		12	提高和管理营销活动	分析市场
				制定经营战略
				执行和检查经营活动
				指挥进行中的评价
		13	协调营销服务	计划和组织营销活动和宣传活动
				承担普通的公共关系角色
				检查和汇报宣传活动

续表

科目	对应职业岗位	序号	课程能力标准	职业岗位能力描述
酒店人力资源管理	星级酒店所有作业层管理岗位	14	提高和补充操作计划	制定操作计划
				管理者和监督者操作计划
				管理进行的评估
		15	分派员工	设置和实施职工职务和值班时间登记表
				维护员工登记表
		16	招募和选择人员	确认招募需求
				管理招募
				选择员工
				计划和组织就职
		17	教授他人工作技能	工作培训准备
				工作培训
				培训的后续工作
		18	监督工作操作	检测并改善职场工作
				规划管理工作流程
				保存职场纪录
				解决问题及做决定
		19	领导和管理人员	以高标准的行为举止做出榜样
				制定团队职责与协作
				管理团队行为
酒店财务管理	星级酒店前厅、餐饮、客房等作业层管理岗位	20	处理金融业务	处理付款和账单业务
				做账
		21	理解金融业务	获取和解读财务信息
				把财务信息应用于管理中
		22	准备和监督预算	准备预算信息
				编制预算
				监控和回顾预算
		23	在预算内管理财务	分配预算资源
				监控与预算相关的财政行为
				为提高预算的效果进行确认和评估
				完成财务/统计的报告

此外，在课程设置及课程内容安排方面实现了国际化。《酒店职场英语》课程从第二学期一直开设至第五学期，长达4个学期。每个学期针对不同的岗位进行职场英语的强化训练，适应国际化酒店对员工英语能力的要求。在核心职业能力课程、复合能力课程授课内容中都有机地融入其他国家和地区的文化、社会、经济及政治等方面的常识，适应国际化酒店对员工涉及旅游客源地等知识的要求，以及与来自不同社会文化背景的顾客和同事共处能力的要求。酒店管理专业课程设置、开发、授课、考核鉴定等一系列课程管理的过程中借鉴了澳大利亚国家接待行业证书课程的标准、授课方式、考核鉴定方式、评估反馈方式，整个课程管理过程与国际职业资格证书课程接轨。

（九）修订人才培养方案

根据现代学徒制人才培养要求，改革传统的人才培养方法，对人才培养目标、人才培养模式、职业岗位分析、毕业要求、课程体系、课程设置、实施保障、教学计划进度、继续专业学习深造建议等方面进行了修订，修订后的人才培养方案主要内容如下。

1.培养目标和规格

（1）培养目标。

本专业培养热爱祖国，坚决拥护中国共产党领导，坚持中国特色社会主义教育发展道路，德智体美劳全面发展，具有良好职业道德、创新精神、可持续发展能力和国际视野，了解酒店服务与管理的基本理论，熟练掌握酒店服务和管理技能，且具备良好的职业道德和服务意识，从事高星级酒店一线服务与基层管理的高素质技术技能型人才。

（2）培养规格。

第一，职业素养方面。

· 乐于服务他人，拥有积极向上的工作心态。

· 保持持续的学习能力。

· 能够不断提高情商修养。

· 在学习工作中能不断地修正自己的工作方法。

· 不断提高自己的职场能力、能处理各类复杂的人际关系。

第二，专业知识。

· 掌握一定的人文社会科学知识。

· 掌握必备的英语、计算机及其应用的基础知识。

· 掌握本专业必备的管理学的基本知识。

· 掌握本专业必需的现代社交礼仪、酒店服务与管理、餐饮服务与管理、客房服务与管理、酒店人力资源管理、酒店市场营销等知识。

第三，专业技能。

· 具有计算机应用能力。

· 具有酒店服务与管理的能力。

· 具有餐饮服务与管理能力。

· 具有客房服务与管理能力。

· 具有酒店人力资源管理能力。

· 具有酒店市场营销能力。

· 具有一定的综合技能和对社会、环境的适应能力。

· 具有知识自我更新的能力。

2. 人才培养模式

创新构建"2＋1"现代学徒制人才培养模式。学生在第一学期入学后即与合作酒店签订意向性就业协议，合作酒店与学校一起制定人才培养方案和学生的职业发展规划，宣讲酒店文化，开发核心课程教案、课程标准，讲授国内外酒店行业现状、发展趋势及部分主要核心课程。

3. 职业岗位分析

通过对酒店行业广泛深入的酒店行业人才需求调研及分析，结合高等职业教育培养高素质技能型人才的特点以及重庆区域人力资源现状，确定酒店管理专业的职业岗位群为"星级酒店作业层服务管理人员"，其中包括核心职业岗位及具体岗位。

除以上岗位外，本专业毕业生还能胜任酒店公关策划、会展服务、会展策划、宴会设计、大型餐饮企业服务管理人员、旅行社接待、航空服务等服务管理岗位的相关工作。

本专业毕业生应具备星级酒店作业层服务管理人员的岗位能力要求，具有较强职业认同感、主动服务意识，具备酒店管理的一般理论知识及相关服务技能，能胜任酒店行业以及相关服务企业的服务、管理等一线工作。通过酒店行业人才需求调研分析，对星级酒店作业层服务管理人员知识、技能、素质的要求如表3-13所示。

表3-13　酒店管理专业职业岗位群知识、技能、素质要求表

职业岗位	知识要求	技能要求	素质要求
星级酒店前厅部服务管理岗位	英语学习和口语表达；销售知识	与人沟通能力和技巧；熟练服务流程；妥善处理个性化要求；灵活处理意外事件；服务快捷、准确	服务态度端正；使命感强；文化修养、审美素质；身体素质
前厅服务及管理的基本知识	外语口语能力强；食品营养知识；餐饮服务知识；销售知识；餐饮服务的流程、方法、技巧	与人沟通能力和技巧；熟练服务流程；妥善处理个性化要求；灵活处理意外事件；服务快捷、准确	服务意识强；吃苦耐劳；合作精神；沟通能力；身体素质
主要客源国概况知识	管理学基础知识；餐饮经营管理知识；企业管理的基本职能以及餐饮行业的特殊属性	与人沟通能力和技巧；熟练服务流程；妥善处理个性化要求；灵活处理意外事件；灵活调度、全面协调	服务意识强；合作精神；沟通能力；协调能力；创新能力
星级酒店客房部服务管理岗位	客房服务及管理的基本知识；客房服务的内容、方法、方式	熟练服务流程；妥善处理个性化要求；灵活处理意外事件；服务快捷、准确	服务态度端正；使命感强；文化修养、审美素质；身体素质
星级酒店销售部管理岗位	经营管理知识；销售知识；行业知识；服务知识；外语知识；基本的财务知识；市场调研知识	沟通能力；销售能力；信息收集能力；人际关系协调能力；软件应用能力	服务意识强；吃苦耐劳；体谅他人；合作精神
酒店公关策划岗位	经营管理知识；行业知识；市场调研知识；服务知识；外语知识	沟通能力；信息收集能力；人际关系协调能力；创新能力	创新意识强；体谅他人；合作精神

职业岗位	知识要求	技能要求	素质要求
会展服务岗位	会议服务知识； 安全管理要点； 会议服务的内容及方法	与人沟通能力和技巧； 熟练服务流程； 灵活处理意外事件	服务态度端正； 使命感强； 文化修养、审美素质； 身体素质
会展策划岗位	经营管理知识； 行业知识； 市场调研知识	沟通能力； 信息收集能力； 人际关系协调能力； 创新能力	创新意识强； 吃苦耐劳； 体谅他人； 合作精神
旅行社接待	旅游消费心理知识； 客源地知识； 旅游业相关政策法规	沟通能力； 销售能力； 信息收集能力； 人际关系协调能力； 软件应用能力	服务意识强； 吃苦耐劳； 体谅他人； 合作精神

4. 毕业要求

（1）证书类。

下列证书任选一种或入学前取得的相关职业资格证书，如表3-14所示。

表3-14　相关职业资格证书一览表

序号	证书名称	等级	取证时间安排	证书颁发机构	毕业取证要求
1	宴会摆台		大二下学期	重庆人力资源与社会保障局	选考
2	宴会服务		大二下学期	重庆人力资源与社会保障局	选考
3	客房预定		大二下学期	重庆人力资源与社会保障局	选考
4	前台接待		大二下学期	重庆人力资源与社会保障局	选考
5	客房整理		大二下学期	重庆人力资源与社会保障局	选考
6	高等学校英语应用能力考试证书	A级	大一、大二	高等学校英语应用能力考试委员会	选考
7	全国高等学校非计算机专业计算机等级考试证书	一级	大一、大二	教育部	选考
8	普通话证书	二级乙等	大一、大二	国家语言文字工作委员会	选考

学分：初级职业资格证书计1学分，中级职业资格证书计2学分，高级职业资格证书计3学分；人才培养方案外获取的各种竞赛所取得的学分：校级0.5学分、市级1学分、国家级1.5学分，同一奖项获不同级别按就高原则计分。

（2）其他要求。

第一，各门课程合格、取得相应学分，完成人才培养方案的相关要求。其中创新创业践行课程24学时，通过学生选项组建创新创业实践团队，以团队形式授课。学生参与各类科研活动、技能竞赛、专利发明等，按照学校《创新创业活动学分转换与认定办法》可以转换为课程学分。

第二，学生在校期间综合素质学分不低于9学分，其中军训国防教育（军事理论）2.5学分，体育达标1学分，参与社会实践完成一篇调研报告计为1.5学分。其余4学分可通过以下三种途径获得：学生参加社团活动、创新创业活动获得学分；学生可在公共选修课程中选择相应的课程作为选修课获取学分；人才培养方案计划外获取的职业资格证书或各种竞赛获取学分。

为拓展学生素质与能力、增长知识与才干、彰显个性与特长、提高文化艺术修养等目的，学校开设公共选修课程。课程方向主要集中在文学与艺术、历史与文化、世界观和方法论、健康与安全、科学技术等方面，采用网络教学形式授课，每名学生在校期间公共选修课程不低于6学分。

第三，完成顶岗实习，毕业论文合格并通过毕业论文答辩。

第四，遵守国家的相关法律法规和学校的相关规章制度要求。

5. 课程体系、课程设置及基本要求

（1）课程设置及基本要求。

高职教育的培养目标是培养直接进行生产、服务、技术操作和管理一线的实用型人才。我们在课程设置时摒弃了传统高校以学科为中心的做法，而是以培养目标应用为中心。从酒店业职业岗位所要求的职业能力出发，分析各种技术人才所必须具备的知识、技术和能力，以此为核心形成一套完整的课程体系，如表3-15、表3-16所示。

表3-15　能力分解及对应课程体系表

综合能力	专项能力	能力要素	课程设置
基本素质	政治素质、思想品德、职业道德、身心素质	热爱祖国，树立正确的世界观和人生观；爱岗敬业，具有较强的责任心、事业心和法制观念	政治理论课、德育课、酒店法规
英语应用能力	基础英语、专业英语应用能力	具有一定的英语听、说、读、写能力和较高的旅游英语会话水平	大学英语、酒店英语口语、酒店职场英语
计算机应用能力	计算机应用能力	能应用计算机处理日常事务，掌握计算机编程技术	计算机应用基础
人际关系能力	人际沟通与协调能力	具有较强的群体意识与合作精神，掌握一定的公关技巧	现代社交礼仪
酒店服务与管理能力	酒店三大运营部门的服务与管理能力	具有较强的前厅、客房、餐饮对客服务能力及督导层管理能力	前厅服务与管理、客房服务与管理、餐饮服务与管理、宴会设计与服务、康乐服务与管理
酒店财务管理能力	酒店财务管理能力	熟悉酒店企业的财务工作，能进行酒店企业的财务管理	酒店财务管理
酒店人力资源管理能力	酒店人力资源管理能力	熟悉旅游企业的人力资源管理工作，能进行酒店企业的人力资源管理	酒店人力资源管理
酒店产品销售能力	酒店客房、餐饮等产品的销售能力	熟悉酒店的销售业务流程，能够进行酒店产品的销售和推广	酒店营销

表3-16　课程设置一览表

序号	课程名称	教学目标	学时	学分	考核方式	开课学期
1	酒店管理概论	通过《酒店管理》课程教学，让学生了解酒店的特点及分类，了解酒店管理的主要任务及内容，了解酒店各业务部门的工作任务；掌握酒店组织机构的设置原则、管理科学的发展历程、酒店市场营销的基本策略、酒店服务质量管理的主要内容。能按照管理学的基本思想对酒店进行组织管理、营销策划及人力资源管理	36	3	考查	2
2	宴会设计与服务	通过《宴会设计与服务》课程教学，让学生了解餐饮饮食文化的特点，了解宴会菜单设计的重要性，了解不同类型的宴会特点。掌握不同宴会的台面设计、台型设计及环境氛围设计，掌握不同主题宴会的菜单设计方法，掌握主题宴会的服务设计流程。能针对不同类型的宴会进行台面设计、台型设计、菜单设计、氛围设计、服务设计等工作	38	3	考试	3
3	酒吧与酒水服务	通过《酒吧与酒水服务》课程教学，让学生了解饮料、酒以及酒吧的相关知识，掌握威士忌、白兰地、金酒、伏特加、兰姆酒、特基拉酒、葡萄酒、啤酒、配制酒的分类、特点、名品、饮用和服务方法；学会十余种鸡尾酒的调制，具备一定的酒吧经营管理知识和能力	124	6	考试/考查	4/5
4	现代社交礼仪	通过《现代社交礼仪》课程教学，让学生了解现代礼仪的原则与技能应用，了解个人塑造自身职业形象的重要意义和作用，了解现代社交礼仪的功能和特点；掌握仪容、仪态、仪表礼仪、社会交往艺术技巧等方面的规范和操作要点，掌握礼节的正确应用方法和要求；能正确应用现代礼仪指导自己的生活实践活动，能独立策划现代礼仪情景模拟；最终会进行正确的人际交往、为人处事、待人接物，提升个人整体形象	98	6	考查	1/2
5	酒店法规	通过《旅游酒店法规》课程教学，让学生了解当前中国旅游酒店法规的概况；了解旅游酒店法律法规的基础知识和行业规范；掌握酒店星级评定的标准；最终会按照旅游酒店法规来分辨酒店的档次符合规范与否	38	2	考查	4

序号	课程名称	教学目标	学时	学分	考核方式	开课学期
6	前厅服务与管理1、2、3*	通过《前厅服务与管理》课程教学，让学生了解酒店行业前厅服务与管理的基础知识；掌握前厅服务与管理的基础技能；能处理预订，能进行礼宾服务、总机话务服务、商务中心服务、宾客关系管理；最终要能够在各类酒店服务中熟练进行上述操作	150	8	考试/考查	2/3/5
7	餐饮服务与管理1、2、3*	通过《餐饮服务与管理》课程教学，让学生了解餐饮服务的特点，了解餐饮从业人员的职业素质要求，了解餐饮基层管理的主要内容；掌握餐饮服务的基本技能，如托盘、折花、摆台等，以及中西餐饮零点服务规范及要求、中西餐宴会摆台规范及要求。能在规定时间内独立完成中西餐宴会摆台，能和同事一起按照企业要求和规范提供餐饮服务。此外，让学生了解餐饮管理的特点，了解餐饮管理人员的职业素质要求，了解餐饮管理的内容。掌握原料采购管理的数量控制，掌握餐饮生产管理的成本控制、餐饮菜单计划管理。能完成从一个餐饮机构的选址、筹建、到菜单计划、采购管理、生产管理、成本控制等一系列工作任务	162	10	考试/考查	2/3/5
8	客房服务与管理1、2、3*	通过《客房服务与管理》课程教学，使学生了解酒店客房及客房部基础知识，掌握酒店客房清洁与服务的基本方法，掌握酒店公区清洁的基本设备、用品与操作方法，掌握酒店洗衣房基本设备、用品及洗衣房运作流程，能以酒店客房部领班的身份对酒店楼层、公区、洗衣房进行物质、人员、安全等各方面的基层管理，最终掌握酒店客房部基层操作服务与基层管理	122	8	考试/考查	2/3/5
9	酒店人力资源管理	通过《酒店人力资源管理》课程教学，让学生了解人力资源管理的概念，了解当前酒店服务与管理人才职业素质要求，掌握酒店求职应聘的基本技巧和知识，掌握劳动法、合同法相关的法律法规、最终掌握基础的人力资源管理与服务	36	2	考查	4
10	酒店营销1、2	通过《酒店营销》课程教学，让学生了解酒店市场营销的概念，了解当前酒店市场环境，掌握酒店消费者的消费行为，能够细分市场，能用4PS原理分析酒店产品、价格、销售渠道和促销，最终会用营销的头脑武装自己、达到全员营销	86	5	考查	3/5

序号	课程名称	教学目标	学时	学分	考核方式	开课学期
11	职场健康与安全	认识职业健康与安全职责，掌握危险源辨识与风险评估方法，了解事故与风险控制原则，正确选用和穿戴个人劳保用品，正确辨识安全标识，实施正确的个人搬运，了解事故预防措施；掌握应急救援程序，了解工伤事故赔偿的基本程序	38	2	考查	4
12	酒店英语口语1、2*	《酒店英语口语》是酒店管理专业的一门实用性很强的课程，坚持"以学生为主体、以学生的学习为中心"，融"教、学、做"为一体，强化对学生能力的培养。在教学过程中突出高职教育特点，以技术应用为第一要素，使学生"学其所用、用其所学"。在教学过程中帮助学生学会学习、学会实践，同时学会协作。在培养学生的辩证思维能力的同时，加强学生的职业道德的教育，确保人才培养目标的实现。 通过本课程教学过程的实施，使学生成为具备高素质、高技能的酒店对客服务人才，使其掌握酒店各岗位所必需的基本理论、基本知识，并具备一定的解决实际问题的能力，同时为学习其他相关课程和职业技能、培养学生职业素质奠定基础	148	8	考试	3/4
13	酒店职场英语1、2*	《酒店职场英语》课程是酒店教育的一门辅助课程。在酒店客源国际化的环境下，培养英文过硬的高素质技能型人才尤为重要。因此，对学生进行英语教育是现在急需的教育之一。本课程的目的在于培养学生酒店英语接待能力，使学生熟练掌握酒店各部门常用英语词汇，快速理解客人需要并做出正确反应，更好地学习自己的专业课，为今后酒店工作中顺利接待外宾打好坚实的语言基础	128	8	考查	3/4
14	大学英语	使学生掌握一定的英语基础知识和技能，培养学生在职场环境下运用英语的基本能力。同时，提高学生的综合文化素养和跨文化交际意识，培养学生的学习兴趣和自主学习能力，使学生掌握有效的学习方法和学习策略，为提升就业竞争力及未来的可持续发展打下必要的基础	48	3	考试	1
15	大学计算机基础	学生通过本课程的学习，能够较全面和系统地了解计算机的软、硬件技术和网络的基本概念，具备在网络环境下应用计算机的基本技能和信息处理能力	30	2.5	考查	5

续表

序号	课程名称	教学目标	学时	学分	考核方式	开课学期
16	大学语文	通过本课程的学习，学习者应该形成：对中国文学的大体了解、认同与皈依；对人类美好情感的感受能力；对美文的阅读欣赏能力；写作能力；独立思考、能自由地表达自己的思想和观点的能力（语言表达和思辨能力）	48	3	考查	1
17	思想道德修养与法律基础	使学生树立科学的马克思主义人生价值观、道德观和社会主义道德法律规范，建立与社会主义核心价值精神相一致的道德、法律、文化理念。提高学生在其职业活动中的学习能力、沟通能力、组织协调能力，培养学生的敬业精神、团队意识、责任感、创新意识等，并在课程专门的实践活动和各专业的实习、实训中不断内化道德和法律素养，使学生能够更好地适应职场环境，拥有核心竞争力	48	3	考查	1
18	毛泽东思想和中国特色社会主义理论体系概论	对学生进行系统的马克思主义中国化理论教育，帮助学生系统掌握毛泽东思想和中国特色社会主义理论体系的基本原理，正确认识我国社会主义初级阶段的基本国情和党的路线方针政策，正确认识和分析中国特色社会主义建设过程中出现的各种问题，从而培养学生运用马克思主义基本原理分析和解决实际问题的能力。坚定在党的领导下走中国特色社会主义道路的理想信念，增强投身到我国社会主义现代化建设中的自觉性、主动性和创造性	64	4	考查	2
19	酒店财务管理	《财务管理》课程为物流专业基础课，通过本课程的学习使学生掌握财务管理基础知识、基本程序、基本方法和管理的基本技能，并能灵活运用其基本理论和方法，解决企业筹资、投资和利润分配等管理活动的实际问题	36	2	考试	4
20	管理学基础	着力培养学生理论联系实际和学以致用的能力，提高学生管理的基本技能和职业素质，让他们在今后的工作实践中能顺利地解决一些实际问题	60	4	考试	1
21	康乐服务与管理	通过《康乐服务与管理》课程教学，让学生了解当前中国康乐服务与管理的发展现状与趋势，了解康体、娱乐、保健类项目的基础知识和行业规范，掌握康乐消费者的心理需求，能按照康乐服务的服务规范进行服务，最终掌握康乐部门的服务和管理	38	2	考查	4

（2）课程体系的架构与说明。

酒店管理专业课程体系的设置首先是要确定培养目标所需要的高级技能与知识，以及达到该技能所必须的基础技术、能力和知识。其次为了使培养出来的学生有较强的适应能力，体现一专多能，在此阶段注意开设一些与本专业相关的技能与知识课。为此，可以将课程体系分为公共基础课和专业课部分，专业课中包括专业核心课和拓展课，课程体系一览表如表3-17所示。

公共基础课部分，主要学习一些心理健康、体育、思想道德、法律及创新创业等方面的课程，旨在提高学生的文化素养和基本素质。这一部分以"必须、够用"为原则，开设的课程主要有《大学生心理健康教育》《大学英语》《大学语文》及《思想道德修养与法律基础》等。

专业课部分主要是针对酒店行业岗位技能特点而开设的课程。这一部分开设的专业核心课主要有《餐饮服务与管理》《客房服务与管理》《前厅服务与管理》及《宴会设计与服务》等；专业拓展课程主要有《酒店人力资源管理》《酒店财务管理》等。

表3-17 课程体系一览表

课程类别	学分	学时	理论学时	实践学时	占总学时百分比（%）
公共基础课	41.5	510	246	264	20
专业课	79.5	1240	620	620	49
综合实践课	26	788	0	788	31
合计	147	2538	866	1672	100
理论教学学时/总学时				34	
实践教学学时（课内＋综合实践）/总学时				66	

6. 实施保障

（1）专业教学团队。

理论课任课教师要求具备本专业大学本科以上学历（含本科）、具备高校教师资格证，并接受过职业教育教学方法及理论培训。

职业知识理论课教师必须是"双师资格"教师（具备相关专业职业资格证书）。

企业实践课任课教师具备中级以上的资格证书或者企业部门经理、主管以上的资格。

专业教师与学生比例达1：13，其中来自企业兼职教师占教师总数的比例达50%；"双师素质"教师（具备相关专业资格证书或企业经历）的比例达到100%。

（2）教学设施。

第一，校内实训条件配置与要求，如表3-18所示。

表3-18　校内实训条件配置与要求一览表

序号	实训室名称	实训功能	实训课程	主要设备配置
1	形体礼仪实训室	主要供管航学院的酒店管理、空中乘务及旅游管理等专业实践教学使用。能满足基础形体礼仪训练等各项专业技能的实践教学、技能鉴定、技能比赛及对外社会服务等工作	现代社交礼仪	镜面、电视、音响
2	中餐实训室	主要供管航学院的酒店管理专业进行实践教学使用。能满足中餐零点服务以及中西餐宴会服务等专业技能的实践教学，以及餐厅服务员技能鉴定、技能比赛、对外社会服务等工作	餐饮服务与管理	中式餐桌、餐椅、中式宴会配套设备
3	西餐实训室	主要供管航学院的酒店管理专业进行实践教学使用。能满足西餐零点服务以及中西餐宴会服务等专业技能的实践教学，以及餐厅服务员技能鉴定、技能比赛、对外社会服务等工作	餐饮服务与管理	西式餐桌、餐椅、西式宴会配套设备
4	酒吧实训室	主要为管航学院的旅游管理和酒店管理专业的学生提供实践教学，使学生能够掌握各种酒水的识别及各种酒具的使用方法。能满足各项专业技能的实践教学，以及技能鉴定、技能比赛、学生的创新创业实践、对外社会服务等工作	酒吧与酒水服务	酒杯、酒水、吧台、桌椅、冰箱、冰柜、制冰机、空调设备以及音响设备等

续表

序号	实训室名称	实训功能	实训课程	主要设备配置
5	客房实训室	主要为管航学院的旅游管理和酒店管理专业的学生提供实践教学，能满足客房各项专业技能的实践教学和客房服务员技能鉴定、技能比赛、对外社会服务等工作	客房服务与管理	床架、床垫、床单、被褥、毛毯、被套、枕头、枕套及桌椅等

第二，主要校外实习实训基地如表3-19所示。

表3-19　主要校外实习实训基地一览表

序号	企业名称	主要合作内容
1	重庆江北希尔顿逸林酒店	参与人才培养方案及顶岗实习方案的制定；学校根据酒店的要求为其提供相应的人才培训服务
2	重庆北碚悦榕庄	该公司相关骨干直接参与《酒店人力资源管理》《酒店营销》课程的开发与教学实训环节，实行"订单式人才"输送；我院教师与该公司定期交流，并配合该公司开展员工培训工作
3	重庆悦来温德姆酒店	参与人才培养方案制定及课程开发建设，并与我院教师开展互派挂职交流合作
4	重庆心景酒店	该公司相关业务骨干与我院教师定期交流，积极探讨相关课程与专业建设
5	重庆威灵顿酒店	参与专业核心课程及顶岗实习方案的制定，同时与我院开展管理、实习、培训、科研合作等多层次校企合作
6	重庆华辰国际大酒店	该公司相关业务骨干与我院教师定期交流，积极探讨相关课程与专业建设

（3）教学资源。

第一，教材选用与编写。

积极采用优秀高职高专教材或本教研室教师参与编写的教材，选用近三年出版的高职高专教材达到80%。

编写反映新知识的讲义，教材选用合理，保证专业的教学质量。为了保证教师的"教"和学生的"学"，学校还需购置必要的商务经纪与代理专业类图书资料，以供学生参考和学习。

第二，网络课程。

通过建设专业核心课程的网络课程、优质课程，进一步丰富本专业的数字化、网络化资源。

第三，课程数字资源。

学校建设数字图书馆和教师推荐商务经纪与代理专业专题学习网站。

第四，校企合作。

与悦榕庄、希尔顿逸林等酒店开展深度校企合作，共同开发教程、课程标准以及人才培养方案，共同实施授课等。

第五，教学评价、考核建议。

酒店管理专业教学质量评价采用多元化的方式，即采用教学督导、学生评教、社会评教相结合的方式。

教学督导作为教学过程的监控环节，对于保证教学质量、提高教学水平具有非常重要的意义。本专业教学督导工作由学校和学院两级督导组成。校级督导从全局出发，全面掌控学院教育教学质量；学院督导则从实际出发，全面落实学校和学院督导工作计划。

学生评教主要由学期中的"教师课堂教学情况反馈"和学期末的"学生网上评教"组成。在今后的工作中，将进一步深入推进学生评教的做法，让学生全面明确学生评教的意义；继续认真组织学生参加评教活动，进一步改进学生评教的问卷设计，使调查尽可能客观全面；在此基础上，客观使用学生评教结果的信息，充分发挥学生评教的意义。

社会评价是社会对学校教学质量的综合评价，是对高校教学质量的最终检验。通过毕业生就业质量调查、对用人单位反馈意见分析和毕业生自我发展评价的调查三个方面来综合评判专业培养出的学生是否符合社会发展需要，能否为社会提供服务、获得预先的期望，进而使我们得到课程开设是否适宜、教学内容安排是否得当等方面的信息。

第六，教学管理。

教学过程管理。检查教师教学前准备的各种教学资料包括计划、教案、讲稿。通过听课和学生反馈检查教师的上课和课外辅导情况，检查教师的作业批改情况、成绩考评情况，包括平时成绩的评定、试卷的制作和批改、成绩的录入。

教学业务管理。教学业务管理是对教学业务工作所进行的有计划、有组织的管理活动。教学业务管理是学校教学管理的重要组成部分，主要通过教研活动来完成。

教学质量管理。教学质量管理是按照培养目标的要求安排教学活动，并对教学过程的各个阶段和环节进行质量控制的过程。其目的在于提高教学质量。

第四章　重庆工业职业技术学院酒店管理专业人才培养模式改革成效

一、赢得了社会、学生及家长的高度认同

　　校企合作、工学结合的现代学徒制人才培养模式把课堂搬进了酒店，在真实的工作环境中"做中学、做中教"，显著提高了学生的岗位操作技能、沟通技能、职业认同感，学生毕业时实现了真正的"零距离"上岗，就业质量明显提高。这种创新的人才培养模式受到了同类院校、酒店行业企业、学生及学生家长等的一致好评，尤其是得到学生的高度认可。如通过对2013级至2016级酒店管理专业4个年级共100名毕业生的问卷调查发现，91%的学生的工作单位是酒店，84%的学生有长期从事酒店业的意愿，88%的学生对现在的工作单位和岗位满意，93%的学生对学校的教学满意，如表4-1至表4-4所示。

表4-1　工作单位对口率调查统计表

选项	小计	比例
酒店	91	91%
其他行业	9	9%
本题有效填写人次	100	

表4-2　长期从事酒店业意愿调查统计表

选项	小计	比例
长期	84	84%
非长期	16	16%
本题有效填写人次	100	

表4-3　工作单位和岗位满意度调查统计表

选项	小计	比例
满意	88	88%
不满意	12	12%
本题有效填写人次	100	

表4-4　教学满意度调查统计表

选项	小计	比例
满意	93	93%
不满意	7	7%
本题有效填写人次	100	

　　截至2018年7月底，学生就业率为98%以上。其中，在酒店及餐饮企业就业的占85%，在四星级以上酒店就业的占70%，部分学生到德国、新加坡等国升学或就业，13%的学生首次就业岗位为部门领班，并有30多名学生已升任四星、五星酒店部门主管以上的职位。如2010级酒店301黄颖现任重庆锦怡豪生酒店人力资源部总监；2012级酒店301冉勤波、2012级酒店302曾露及邓川已在全球顶端度假酒店悦榕庄分别任礼宾司、助理总会计师和会议销售主管；2014级酒店302罗飞在毕业前已担任漫咖啡领班，现任漫咖啡店长；2016级酒店301李欣晨、王应琴、袁其明于2018年10月在大三上学期进行跟岗实习只有1个多月的情况下，已在重庆尚高酒店分别被提拔为厅面组长（李欣晨、王应琴）和传菜组长（袁其明）。截至目前，学生参加技能大赛取得了全国二等奖一个、三等奖一个、优胜奖一个、重庆赛区一等奖三个、三等奖一个，部分学生获奖证书如图4-1至图4-3所示。学生主持的2个项目分别于2017和2018年入选国家旅游局"万名旅游英才计划——实践服务型英才培养项目"。

图4-1 酒店管理专业学生荣获2012年全国职业院校
技能大赛高职组"中餐主题宴会设计"赛项三等奖

图4-2 酒店管理专业学生荣获2013年全国职业院校技能大
赛高职组"东方美食"杯中餐主题宴会设计赛项个人二等奖

图4-3 学生参加2018年"巴渝工匠"杯重庆市第十一届重庆高等职业
院校学生职业技能竞赛"中餐主题宴会设计"赛项比赛获得团体三等奖

此外，几年来，酒店管理专业改革成果和经验分别被重庆市教育科学研究院以及重庆师范大学、陕西财经职业技术学院、江西环境工程职业学院、四川长江职业学院、重庆工程职业学院、重庆城市管理职业学院、重庆旅游学校、重庆女子中专、重庆璧山职教中心等教育研究机构及三十余所国内本科、高职及中职采纳和推广应用。

二、建成了多门具有现代学徒制人才培养模式特色的核心职业能力课程

建成了以能力为本位，基于工作过程系统化理念设计的《前厅服务与管理》《餐饮服务与管理》《客房服务与管理》《酒店营销》《酒店人力资源管理》等核心职业能力课程，包括教材、课程标准、授课计划、教师指南、学生指南、鉴定工具、课件等。

三、建成了多门校级精品课程、微课及在线课程

以人才培养模式改革为契机，酒店管理专业课程在精品课程建设方面也取得了较大成绩。《宴会服务与管理》《前厅服务与管理》《餐饮服务与管理》《客房服务与管理》以及《职场健康与安全》等课程先后被评为精品课程，并被制作成微课和在线课程。

四、完善了校内实训基地，社会服务能力明显增强

参照国际化酒店的标准进行校内实训基地的建设，建成了符合酒店运作实际、初步具备了生产性实训功能的校内实训基地。在酒店前厅、客房、餐饮服务专业技能培训，礼仪形体等综合素质培训等方面，发挥了巨大的作用，已成为重庆酒店行业人力资源开发培训基地和酒店行业职业技能鉴定站，具备高级餐饮服务员、高级前厅服务员、高级客房服务员等国家级职业资格鉴定资质，并多次运用现有实训教学资源进行农民工培训和其他社会实训。同时，学校也为酒店提供相应的科研服务。目前，各项社会服务金额累计达到120余万元。

校内主要实训室如下：

（一）酒吧实训室

实训室面积64平方米，主要为管航学院的旅游管理和酒店管理专业的学生提供实践教学，使学生能够掌握各种酒水的识别及各种酒具的使用方法。能满足各项专业技能的实践教学、技能鉴定、技能比赛、学生创新创业实践及对外社会服务等工作，如图4-4所示。

图4-4 酒吧实训室

主要实训设备：酒杯、酒水、吧台、桌椅、冰箱、冰柜、制冰机、空调设备以及音响设备等。

主要实训项目：酒水认知，果蔬饮料制作，茶艺，咖啡制作，酒吧认知，酒单制作，酒水服务技巧，酒吧原料采保，酒吧促销与成本控制，鸡尾酒调制及酒吧创业等。

（二）客房实训室

实训室面积128平方米，主要为管航学院的旅游管理和酒店管理专业的学生提供实践教学，能满足客房各项专业技能的实践教学和客房服务员技能鉴定、技能比赛及对外社会服务等工作，如图4-5所示。

主要实训设备：床架、床垫、床单、被褥、毛毯、被套、枕头、枕套及桌椅等。

图4-5　客房实训室

主要实训项目：开门进房间，客房及卫生间清洁，中西式铺床，会客服务，客房服务礼仪等。

（三）形体礼仪实训室

实训室面积约110平方米，主要供管航学院的酒店管理、空中乘务及旅游管理等专业的学生实践教学使用。能满足基础形体礼仪训练等各项专业技能的实践教学、技能鉴定、技能比赛及对外社会服务等工作，如图4-6所示。

主要实训设备：把杆、墙面镜、电视机、音响及瑜伽垫等。

图4-6　形体礼仪实训室

主要实训项目：站姿、坐姿、走姿、蹲姿、引位、手位指引、鞠躬、工作着装及微笑等。

（四）中西餐实训室

实训室面积128平方米，主要供管航学院的酒店管理专业的学生进行实践教学使用。能满足中西餐零点服务以及中西餐宴会服务等专业技能的实践教学、餐厅服务员技能鉴定、技能比赛及对外社会服务等工作，如图4-7、图4-8所示。

主要实训设备：圆桌、长方桌、操作服务台、托盘、餐巾、骨碟、口汤碗、味碟、汤匙、筷架、筷子、红酒杯、白酒杯、饮料杯、花瓶、烟灰缸、牙签盅、桌号牌、展示盘、头盘刀叉、鱼刀叉、主菜刀叉、面包盘、黄油刀、黄油碟、甜品叉匙、烛台及椒盐瓶等。

图4-7　中餐实训室

图4-8　西餐实训室

主要实训项目：托盘服务、餐巾折花、台布铺设、中西餐零点摆台、中西餐宴会摆台、斟酒服务及分菜服务等。

五、实现了多岗位轮换校外实训，构建了完善的实训教学体系

酒店管理专业依托洲际酒店集团，积极开展与其他酒店和知名餐饮企业的校企合作，并签订合作协议。目前建立了重庆北碚悦榕庄、重庆悦来温德姆、重庆希尔顿逸林酒店、重庆威灵顿酒店、重庆心景酒店、重庆华辰国际大酒店、重庆洲际酒店、重庆长都假日酒店、重庆JW万豪酒店、重庆国贸豪生酒店、重庆扬子岛集团等多个长期、稳定的校外实习基地。校外实习基地为学生设计多岗位的交叉培训计划，承担学生的酒店岗位实践教学任务与管理等，从而和校内实训基地一起构成了完善的实训教学体系。

（一）部分合作酒店概况

1.重庆北碚悦榕庄

重庆北碚悦榕庄位于中国西南大都会重庆市风光迷人的北碚区，依偎于缙云山自然保护区脚下，地理位置得天独厚，是中国区的首个天然温泉酒店，如图4-9、图4-10所示。坐拥107间套房及别墅，每种房型均配有私人温泉泡池。温泉水引自久负盛名的重庆北温泉，为客人提供私密舒适的泡汤体验。悦榕品牌首次

图4-9　重庆北碚悦榕庄大门

图4-10　重庆北碚悦榕庄内景

将私人温泉泡池的概念引入集团在中国西部地区的度假村，为客人提供更加个性化的度假体验。

2. 重庆悦来温德姆酒店

重庆悦来温德姆酒店位于重庆市两江新区国际博览中心核心位置，毗邻悦来国际会议中心，由全球知名的温德姆酒店集团管理，致力为追求高品质的商务及旅行客人提供舒适豪华的五星级住宿体验，如图4-11、图4-12所示。

图4-11　重庆悦来温德姆酒店外观

图4-12　重庆悦来温德姆酒店酒吧

　　酒店拥有390间豪华客房和套房，隽秀的嘉陵江景尽收眼底。酒店与会议中心相得益彰，多种设施完善的会议场地达12500平方米，灵活满足不同层次的需求，造就重庆会务首选之地。

3. 重庆江北希尔顿逸林酒店

　　重庆江北希尔顿逸林酒店坐落于江北区观音桥步行街，1～3层为大型购物商场，周边娱乐设施与市井美食云集，往来洪崖洞各景点交通便利，如图4-13、图4-14所示。酒店拥有284间舒适的客房及套房（含商务及家庭式客房），商旅与亲子游轻松乐享。

　　美国希尔顿饭店创立于1919年，在100年的时间里，饭店遍布世界五大洲的各大城市，成为全球最大规模的饭店之一。100年来，希尔顿饭店生意如此之好，财富增长如此之快，其成功的秘诀是什么呢？通过研究发现，其成功的秘诀就在于牢牢确立自己的企业理念，并把这个理念上升为品牌文化，贯彻到每一个员工的思想和行为之中。饭店创造"宾至如归"的文化氛围，注重企业员工礼仪的培养，并通过服务人员的"微笑服务"体现出来。

图4-13　重庆江北希尔顿逸林酒店外观

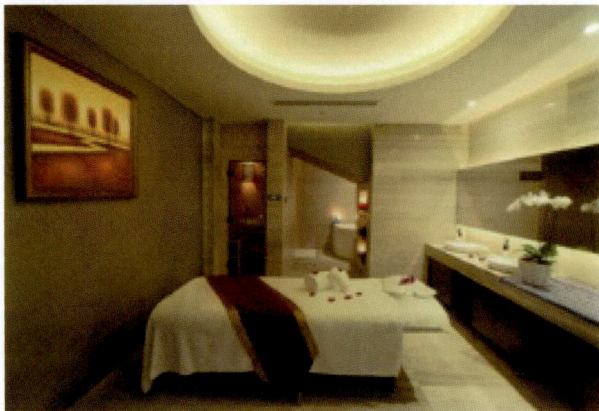

图4-14　重庆江北希尔顿逸林酒店客房

4. 重庆心景酒店

重庆心景酒店由云南心景旅游集团有限公司投资兴建，并由香港心景酒店管理公司负责运营管理，是重庆首个涵盖吃、住、行、游、购、娱为一体的国际旅游度假综合体项目，酒店秉承"景自心造，境由心生"的品牌内涵，为顾客提供超越期望的产品与服务。酒店地理位置优越，位于中国重庆知名的4A级风景名胜区缙云山脚下，十里温泉城内。酒店特邀国际大师负责酒店设计，充分运用现代手法融合传统川西风格元素和本地巴渝文化的吊脚楼风格，堪称中国建筑艺术及当地历史的完美诠释。酒店第一期拥有803间景观客房、大型的会议中心、餐饮中心、KTV、健身房、茶室、棋牌室、养生SPA室。酒店客房装修独具主题风格，拥有总统套房、豪华套房、高级客房及特色汤屋，房间宽敞舒适，配备高品质床上用品、快速上网服务、多语言频道的卫星电视、独立空调装置、直拨电话、迷你酒吧等全智能控制系统和24小时贴身管家服务，如图4-15、图4-16所示。

图4-15　重庆心景酒店外观

图4-16　重庆心景酒店露天温泉

5.重庆威灵顿酒店

重庆威灵顿酒店是一家按五星级标准修建的酒店，装饰风格以美式简约为主，时尚大气，别致舒适。酒店配套齐全的豪华客房、西餐厅、大堂吧、会议室、室内游泳池、KTV及棋牌室等，拥有完善的功能设施设备、热情的星级服务礼遇，着力打造美式风情的特色酒店，如图4-17、图4-18所示。

图4-17　重庆威灵顿酒店外观

图4-18　重庆威灵顿酒店多功能会议厅

6. 重庆华辰国际大酒店

重庆华辰国际大酒店位于重庆市渝北空港新城，往来重庆江北机场及重庆悦来国际博览中心十分便捷。重庆华辰国际大酒店由重庆华辰物业发展有限公司斥巨资12亿元建造，占地面积60000平方米，配套齐全。酒店共设有3种风格的客房，可满足宾客不同层次的住宿需求。酒店3层设有气势恢宏的千人宴会厅和豪华顶级餐厅，4层设有阳光特色自助餐厅，26层设有配套齐全的行政酒廊和地道的韩式料理。此外，酒店还配备一流的恒温游泳池、配套丰富的健身房，娱乐设施齐备，是下榻期间休闲娱乐的不错选择，如图4-19、图4-20所示。

图4-19　重庆华辰国际大酒店外观

图4-20　重庆华辰国际大酒店室内游泳池

（二）签订校企合作协议

在学生到酒店进行跟岗实习和顶岗实习前，按照《职业学校学生实习管理规定》（教职成〔2016〕3号）等文件要求，学校和重庆北碚悦榕庄、重庆悦来温德姆、重庆希尔顿逸林酒店、重庆威灵顿酒店等合作酒店签订校企合作协议，对双方的权利义务进行了明确和约束，并保障了学生的合法权益，如图4-21所示。

项目协议书主要内容如下：

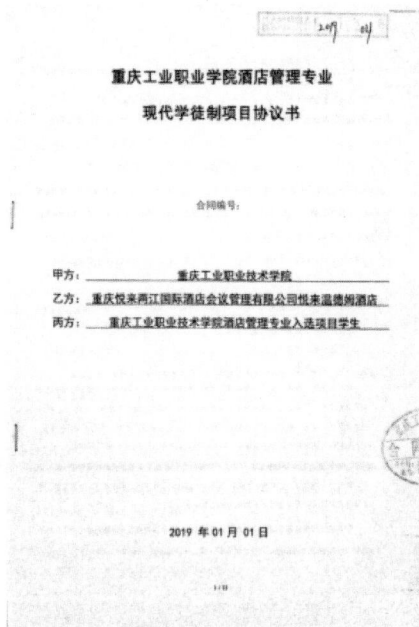

图4-21　学校和重庆悦来温德姆酒店
签订现代学徒制人才培养项目协议书

根据《教育部关于开展现代学徒制试点工作的意见》和《重庆工业职业技术学院酒店管理人才培养方案》，学校、企业、学生三方本着合作共赢、职责共担的原则，充分发挥各自优势和潜能，创新合作机制，积极开展现代学徒制试点工作，形成校企分工合作、协同育人、共同发展的长效机制，不断提高人才培养的质量和针对性，促进职业教育主动服务当前经济社会进步，推动职业教育体系和劳动就业体系互动发展。

本着"友好合作，共同培养人才"的原则，确定开展酒店管理专业现代学徒制试点班。经学校、企业、学生三方协商一致，达成如下协议：

1. 合作原则

（1）学校、企业双方遵循"供给创造需求，需求产生合作，合作带来共赢，共赢促进发展"的校企合作机制，建立长期、紧密的合作关系。

（2）学校、企业双方本着资源共享、优势互补、平等自愿、互惠互利的原则，实现合作共赢，共同发展。

（3）学校、企业双方遵守国家相关规定，维护学生合法权益，培养高素质、高技能的应用型人才。

2. 合作方式及内容

（1）学校、企业以企业的用人招工需求为标准，制定现代学徒班招生考核标准，采用"招生即招工、入校即入厂、校企联合培养"的现代学徒制培养模式，在"合作共赢、职责共担"的基础上，实施校企双主体育人、学校教师和企业师傅双导师教学。

学校与企业共同组建现代学徒制培养执行团队，明确团队结构及分工职责。其中学校专业带头人1名，骨干教师3名，"双师型"教师比例100%，企业优秀管理人才作为兼职专业教师和师傅10名。

（2）学校主导建立学徒信息档案，详细记录学徒在学校学习、在企业实习实训的经历和奖惩等，便于学徒管理、测评、就业等工作的开展。

（3）在现代学徒班中，学生与企业、学校与企业达成明确的协议和契约，形成校企联合招生、联合培养、一体化育人的长效机制，可切实提高学员的综合素质和技术技能人才培养质量，促进就业，推进产教融合。

（4）学校、企业、学生任务分解如表4-5所示。

表4-5 学校、企业、学生任务分解表

第一学期	第二学期	第三学期	第四学期	第五学期	第六学期
•行业认知（学校、企业、学生） •签订协议（学校、企业、学生） •制定职业发展规划（学校、企业、学生） •现代学徒制人才培养模式和酒店文化宣讲（学校、企业） •购买雇主责任险（企业） •足额及时发放实习津贴（企业） •周末和寒假到酒店实习（学生）	•选拔师傅（企业） •指导学徒在校学习和在酒店实习（企业） •购买雇主责任险（企业） •足额及时发放实习津贴（企业） •周末和暑假到酒店实习（学生） •实习周记（学生） •实习总结（学生）	•指导学徒在校学习和在酒店实习（企业） •购买雇主责任险（企业） •足额及时发放实习津贴（企业） •周末和寒假到酒店实习（学生） •实习周记（学生） •实习总结（学生）	•指导学徒在校学习和在酒店实习（企业） •购买雇主责任险（企业） •足额及时发放实习津贴（企业） •周末和暑假到酒店实习（学生） •实习周记（学生） •实习总结（学生）	•指导学徒在酒店实习（学校、企业） •购买雇主责任险（企业） •足额及时发放实习津贴（企业） •到酒店进行跟岗实习和顶岗实习（学生） •实习周记（学生） •实习总结（学生）	•指导学徒在酒店实习（学校、企业） •项目经验总结与推广（学校、企业、学生） •购买雇主责任保险（企业） •足额及时发放实习津贴（企业） •到酒店进行顶岗实习（学生） •实习周记（学生） •实习总结（学生）

3. 权利和义务

（1）学校的权利与义务。

•采取有效措施促进行业协会企业等单位参与现代学徒制人才培养全过程。

•负责现代学徒制管理机构的筹建，学校工作人员的组成，教师队伍与专门管理人员的配备。

•联系合作企业共同做好现代学徒制"试点班"的生源和招生计划数申报、生源资格审查、考核选拔与招录、转专业、学徒协议签订、中途学生退出善后安排、补录等招生招工工作。

•负责现代学徒制"试点班"学生（学徒）的学籍管理、毕业资格审核、毕业证书发放以及校内学习日常管理工作。

•提供现代学徒制"试点班"校内运行所需的教学场所、教学设备，包括多媒体教室、实训室、教学器材设备等。

·指派教师、学校行政人员到企业进行在岗工作，指派教师到企业全程参与学生教育教学管理工作，并和企业、师傅进行充分交流，进行专业调整与课程改革，改革实施学徒制专业的课程，使之更适合于学徒制教学。

·建立奖惩制度，对企业教师、带教师傅和学徒举行评优活动，对于优秀的带教师傅、企业教师和学徒按相关奖惩制度进行表彰和奖励。

·提供现代学徒制"试点班"办班及相关研究项目开展所需经费，并负责现代学徒制"试点班"相关各类经费的发放以及现代学徒制试点工作经验的总结与推广。

·向上级教育行政主管部门申请支持和项目申报。

（2）企业的权利与义务。

·采取有效措施积极参与现代学徒制人才培养全过程，包括教学、管理和评价等。

·企业负责现代学徒制"试点班"管理机构企业方工作人员的组成，以及带徒师傅与专门管理人员的配备。

·与学校共同制订专业人才培养方案，共同开发理论与技能课程体系及教材，共同做好教师师傅"双导师"教学团队的建设与管理，共同组织考核评价，共同进行项目研发与技术服务等。

·协助学校制订人才培养标准、岗位技能考核评价标准，并加强对学生的企业文化培训，以及职业素养、通用能力、心理素质培养、安全教育、职业生涯规划和就业创业指导。

·协助学校共同做好现代学徒制"试点班"的生源和招生计划数申报、生源资格审查、考核选拔与招录、中途学生退出善后安排、补录等招生招工工作。

·与学校联合制订招工选拔标准、学徒协议、劳动合同等，负责现代学徒制"试点班"学生（学徒）在岗工作（学习）的日常管理。

·协助学校建设校内外实训基地，用于专业课程实训，并根据专业教学特性和学生专业学习需求，提供现代学徒制"试点班"企业运行所需的工作场所、工作设备等。具体细则，经学校和企业协商一致后另行确定。

·保证学生在企业场所中进行的岗位培训、实习、工作中的人身财产安全。

·负责现代学徒制"试点班"企业技能培训的组织与运行，提供现代学徒制

"试点班"学生（学徒）企业技能培训所需的学习资源，保证在寒暑假优先为学徒提供带薪实习机会，每学期平均不少于一个月。酒店把高规格和大规模的服务接待以主题实践活动的方式提供给学徒进行实践，比如组织学徒参与"智博会""西洽会"等高规格的接待服务。

• 引入第三方评价，对项目建设实施进行过程性评价，并为学生提供涵盖3年的评价记录。

• 合理安排教学时间，试点"工学交替、多学期、分段式"的校企合作育人模式；保证为学生提供广阔的实习和就业空间、相应的就业岗位等。在学徒实践期间考评优秀的学生，重庆悦来温德姆酒店将给予酒店的特色产品，以资奖励。

• 负责现代学徒制"试点班"企业参与人员的津贴、交通费等费用的发放；协助学校进行现代学徒制试点工作经验的总结与推广。

• 负责购买学徒在酒店实习期间的意外伤害险等保险，并承担保险等相关费用。

• 协助学校向上级主管部门申请现代学徒制试点项目的支持及申报。

（3）学生的权利与义务。

• 学生应严格按照学校和企业制定的人才培养方案，安排学习，掌握相关的技术技能；在实习期间认真做好岗位的本职工作，培养独立工作能力，刻苦锻炼和提高自己的业务技能，在顶岗实习的实践中努力完成专业技能的学习任务。

• 学生在学校学习期间，如因无法适应现代学徒制项目，提出转专业申请或退学申请，须经学校和企业双方协商同意后方可转专业或退学。

• 学生在校学习期间应服从学校和企业双方的共同教育和管理，自觉遵守学校制定的各项校园管理规定及各项教学安排；学生在企业实践教学期间，须遵守企业依法制定的各项管理规定，严格保守企业的商业秘密。

• 遵守学校学生顶岗实习的相应管理规定和要求，与校内指导教师保持联系，按照顶岗实习的教学要求做好实习日志的填写、实习报告的撰写等相关工作，并接受实习单位和学校的考核。

• 根据学校和企业双方制定的考核标准参加考核，考核成绩与学校组织的理论考试拥有同等效力，并归档作为后期选优参考。

• 学生在规定年限内，修完人才培养方案规定内容，达到毕业要求即准予毕业，由学校发给学生入学专业的毕业证书。

·学生在企业实习期间的薪资，应根据学生在企业实习期间所在岗位另行签订协议。学生实习薪资协议应充分考虑其学徒身份，保障其基本生活。

六、构建了学校、酒店和学生"三方共赢"的合作机制

通过找准学校、酒店、学生三方合作的利益基石，成功构建"三方共赢"的合作机制，为校企合作、工学结合的顺利实施打下了坚实基础。学校、酒店、学生三方合作的利益基石构建如表4-6所示。

表4-6　"三方共赢"利益基石

	学生	酒店	学院
利益点	·职业技能大大提高 ·心理素质提高 ·社会阅历增长 ·工作经历证明 ·就业质量提高	·找到最适合本企业的员工 ·有助于保持员工的稳定性 ·节约人事成本 ·弥补短期人员不足 ·提高社会声誉 ·为全球酒店行业提供人才储备（IHG人力资源战略）	·提高教学质量 ·解决部分就业问题 ·提高社会声誉 ·吸引更多优质生源 ·提高教师职业能力

七、建成了一支高素质专兼职教学队伍，专业建设成果显著

目前，专兼职教师共35人，高级职称12人；5人有英国、澳大利亚等海外培训学习经历，并获得澳大利亚接待行业证书。教（科）研成果取得了丰硕成果，承担校级以上各类项目40余项，其中省部级课题15项；公开发表论文80余篇，其中SCI1篇，EI3篇，人大复印资料全文转载5篇，北大核心20余篇；出版教材和专著30余部；专利10余项；校级及以上各类教学科研成果12项。1人当选中国职业技术教育学会教学工作委员会职业教育现代服务与艺术教育类教学研究中心委员，1人获得国家旅游局万名旅游英才计划——"双师型"教师培养项目，1人获得重庆第五批高校优秀人才项目，1人获得"重庆最美女教师"荣誉称号，3人入选重庆市旅游度假区专家库，1人当选重庆导游协会理事，1人被评为重庆工业职业技术学院学术技术带头人，1人被评为重庆工业职业技术学院专业建设团队负责人，1人被评为重庆工业职业技术学院创新创业带头人，如图4-22至图4-32所示。

图4-22　酒店管理专业骨干教师陈杰取得澳大利亚三级接待证书

图4-23　酒店管理专业骨干教师甘颖取得澳大利亚三级接待证书

图4-24　酒店管理专业骨干教师蒋萍取得澳大利亚三级接待证书

图4-25　酒店管理专业骨干教师金渝琳取得澳大利亚三级接待证书

图4-26　酒店管理专业骨干教师殷普春取得澳大利亚三级接待证书

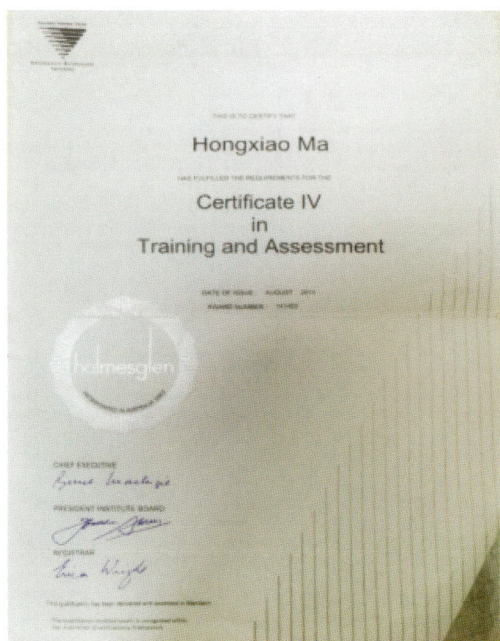

图4-27　管理与航空服务学院副院长兼专业带头人麻红晓取得澳大利亚四级接待证书

图4-28　管理与航空服务学院副院长兼专业带头人麻红晓取得英国NPTC培训证书

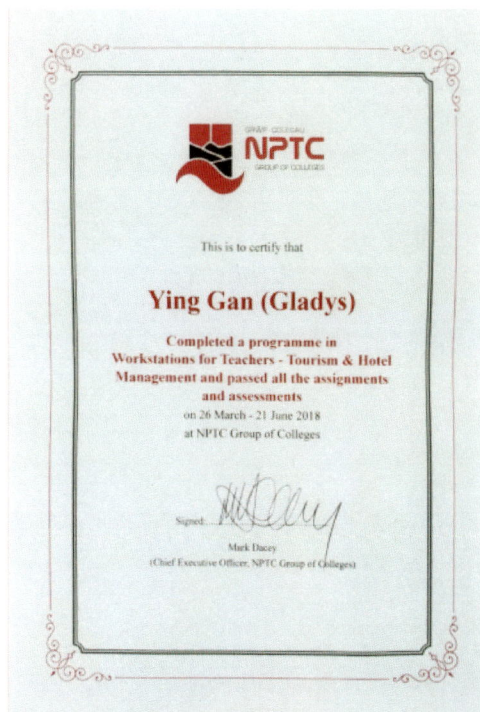

图4-29　酒店管理专业骨干教师甘颖取得英国NPTC培训证书

图4-30　2011年重庆工业职业技术学院教学成果一等奖"创新
3+2工学交替人才培养模式——培养酒店高技能人才"证书

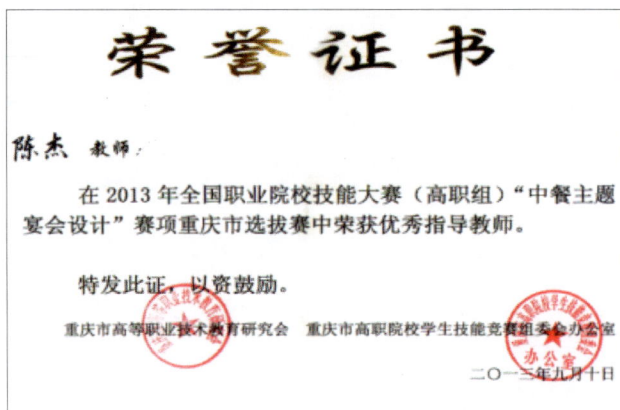

图4-31　酒店管理专业骨干教师陈杰荣获2013全国职业院校技能大赛
（高职组）"中餐主题宴会设计"赛项重庆市选拔赛优秀指导教师

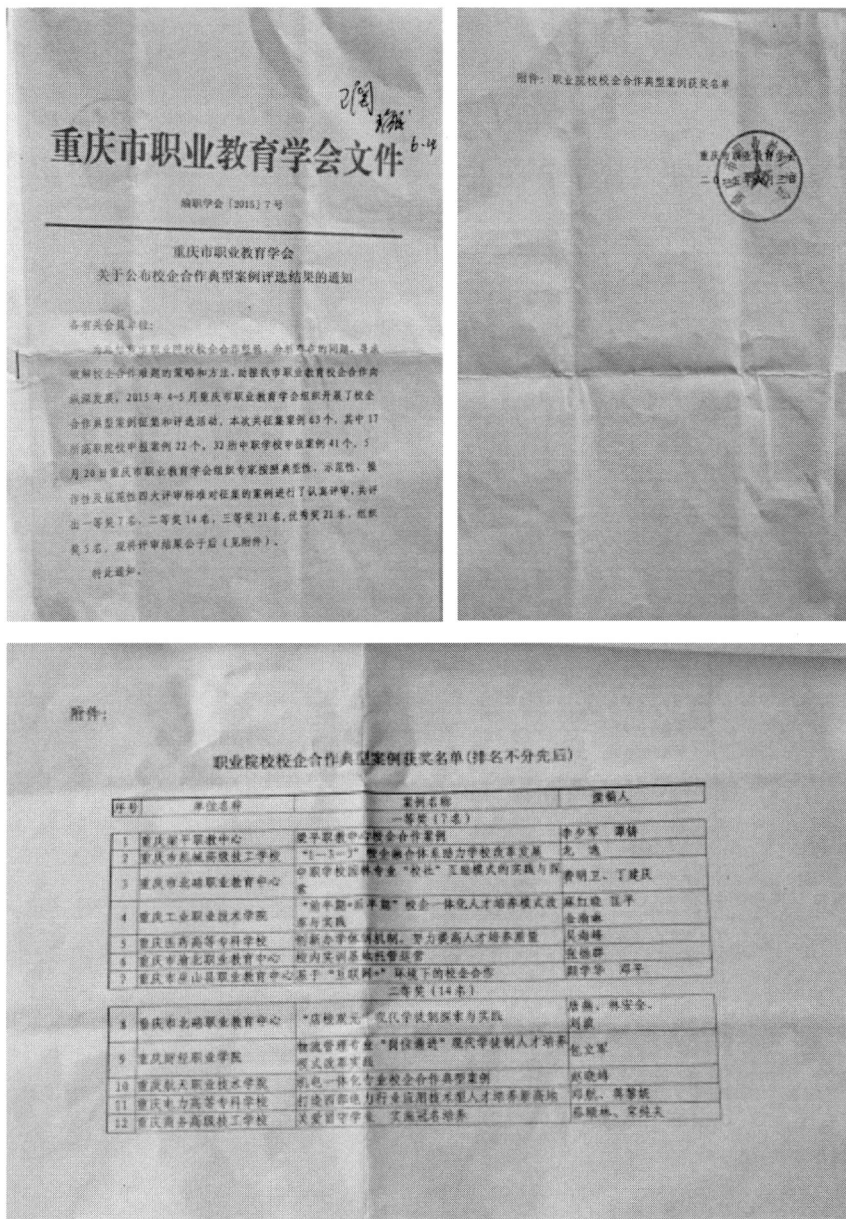

图4-32　《"前半期+后半期"校企一体化人才培养模式改革与实践》获2015年重庆市职业教育学会校企合作典型案例评选一等奖

第五章　重庆工业职业技术学院酒店管理专业人才培养模式改革存在的问题与改进措施

重庆工业职业技术学院酒店管理专业人才培养模式改革虽然取得了较大成绩，但在实际运行和理论完善等方面还存在一定问题，目前遇到的问题和解决的对策主要体现在如下几个方面。

一、校内实训基地建设

校内实训基地还不能完全达到生产性实训的要求，依赖校外实习基地开展学生生产性实训，存在较大的合作风险。今后酒店管理专业实训基地的设计与建设应按照五星级标准修建集教学、生产性实训、经营为一体，包含客房、中西餐、酒吧、会议、康体娱乐等的服务项目，满足学生职业岗位课程实训、生产性实训、顶岗实习的需要。

二、校外实训基地建设

校外实训基地建设虽然取得了较大成绩，基本能满足学生参与现代学徒制人才培养模式计划的需求，但在校外实训基地建设的质量和内涵方面还需进一步加强。今后应重点开发东部沿海地区及海外实训基地，为学生及时了解酒店行业发展前沿，特别是为学生到海外就业、成为国际化人才打下基础。

三、教学制度体系建设

在现代学徒制人才培养模式改革过程中，制定完善的教学制度尤其重要。现代学徒制教学制度是在人才培养过程中协调规范政府、行业、企业、学校、学生等有关组织和个人相互关系的制度规范的总称，是在高职院校推进工学结合过程中长期实践与经验积累的结晶。[①]高职院校现代学徒制教学制度体系主要包括四个方面，即教学管理制度、专业建设制度、学生管理制度以及教师管理制度。

目前，重庆工业职业技术学院酒店管理专业的现代学徒制教学制度体系建设已取得较大成效，初步建立了较为完善的制度体系。教学管理制度建设方面已制定现代学徒制人才培养方案、学生顶岗实习学分制与成绩评定管理办法、学生顶岗实习管理办法、顶岗实习安全管理细则、"双证书"制度、校企会商制度等；专业制度建设方面已制定了基于现代学徒制的课程建设制度、校外实践基地建设与维护管理办法、课程标准撰写规范等；学生管理制度建设方面已制定顶岗实习学生手册、顶岗实习学生管理规定、顶岗实习学生人身财产安全管理条例、顶岗实习期间师生安全应急预案等；教师管理制度建设方面已制定教师企业实践管理办法、顶岗实习导师制度、"双师型"教师培养方案、参与现代学徒制的教师课时费计算办法等。

今后，重庆工业职业技术学院酒店管理专业现代学徒制教学制度体系工作的重点应主要集中在现代学徒制组织机构管理办法、现代学徒制教学质量监控制度、现代学徒制教学质量评价制度、弹性学分制度、学生顶岗实习成果申报和奖励办法以及现代学徒制导师制度这六个制度（办法）的制定上面。

四、激励制度建设

（一）对学生的激励

通过对参与校企合作项目的酒店管理专业学生调查发现，2006级到2017级部分学生参与现代学徒制的积极性呈现先高后低的现象。原因有很多方面，其中主要原因是学校和酒店对学生的激励不足。自2009级学生开始，酒店和企业加大了激励保障措施，如给学生提供每月几百元不等的实习补贴、改善实习住宿条件、减少工作量等。从目前反馈来看，2011级以来酒店管理专业参与工学交替的学生在酒店实习的积极性较之前有较大提高，初步形成了90%以上酒店专业学生愿意参与现代学徒制项目。

---

① 戴翔东，石莹. 创建高职院校工学结合教学制度的对策研究[J]. 教育与职业，2010（6）：18-20.

今后学校和酒店方面对学生的激励措施方面还需进一步加强，如可以采取以下四个方面的措施：第一，提高实习补贴标准；第二，为优秀学生在现代学徒制人才培养模式期间和毕业后提供部分管理岗位，如客房领班、中西餐饮领班、行李员领班、酒吧领班等；第三，学校要及时了解学生在酒店实习的思想波动，给予更多的思想辅导和精神激励；第四，酒店应给予学生更多的专业培训和企业文化培训，使实习学生能够自信、平等地与酒店正式员工一起工作。

（二）对教师的激励

对教师参与现代学徒制的课时费制度虽然初步建立，但还没有实施。此外，工学交替导师制度也没有正式制定，还只是停留在讨论阶段，不能有效激励工学交替导师的参与积极性。这两个方面应是今后对教师激励制度方面工作的重点，也应迅速制定和完善，并立即按照制度严格实施。

我国高等职业教育正处于历史上难得的发展机遇期，人才培养模式改革自2000年以后，已成为研究热点。截至目前，包括重庆工业职业技术学院酒店管理专业在内的一些高职类专业人才培养模式改革已取得明显成效，有力促进了高等职业教育的快速发展，极大提高了人才培养的质量。本书期望通过对重庆工业职业技术学院酒店管理专业改革过程中遇到的问题及部分成功经验的介绍，为高职院校其他专业的人才培养模式改革提供一点参考和启示。

此外，由于酒店管理专业自身的特点及我国目前酒店行业人才短缺的特殊性，酒店方参与校企合作的积极性较强。但除了酒店企业及其他少数企业外，大部分企业不愿参与校企合作或参与意愿不强。从国内外的实践情况来看，现代学徒制要想取得成功，其关键之一必须保证企业在职业教育中的主体地位，学校和政府等相关方应给予积极配合。但目前，我国政府还没有对这方面进行立法，企业接收学生实习等相关制度尚未形成正式文件，在具体实践中不能有效让企业发挥主体作用，这就导致了企业不愿和学校合作培养学生。因此，国家亟须对企业在校企合作中的主体地位进行立法。同时，在立法时，为了鼓励企业积极参与职业教育并发挥其主体作用，一方面要明确企业在职业教育中的责任和权力，另一方面要充分考虑其利益。可以根据企业在承担职业教育中的社会贡献率，给予企业更多相应的奖励，如优先承担政府招标项目和享受税收减免等。

参考文献

[1]贺武华.政策同形:"国家示范性高职院校建设"政策制定的一种解释[J].职业技术教育,2009,30(19):38-43.

[2]卢智勇,谢臣英,乔西铭.高职教育工学结合的人才培养模式探索[J].继续教育研究,2010(8):58-60.

[3]汤霓.国外现代学徒制理论研究与实践探索[J].中国职业技术教育,2016(31):25-29.

[4]佘瑞龙.现代学徒制人才培养实施及数理分析[J].中国职业技术教育,2015(28):63-66.

[5]潘建峰,刘瑛,魏宏玲.高职制造类专业现代学徒制实施路径研究与实践[J].中国职业技术教育,2017(2):75-79.

[6]赵鹏飞,陈秀虎."现代学徒制"的实践与思考[J].中国职业技术教育,2013(12):38-44.

[7]崔钰婷,杨斌.我国现代学徒制人才培养模式综述及反思[J].当代职业教育,2018(2):71-78.

[8]胡秀锦."现代学徒制"人才培养模式研究[J].河北师范大学学报(教育科学版),2009,11(3):97-103.

[9]潘建峰.基于现代学徒制的高端制造业人才培养研究与实践[J].中国职业技术教育,2016(5):46-49.

[10]赵鹏飞.现代学徒制人才培养的实践与认识[J].中国职业技术教育,2014(21):150-154.

[11]刘哲.基于现代学徒制高职人才培养模式研究与实践[J].中国成人教育,2015(24):124-125.

[12]吴建设.高职教育推行现代学徒制亟待解决的五大难题[J].高等教育研究,2014(7):41-45.

[13]唐燕,丁建庆.中职酒店专业引入现代学徒制的实践探索[J].中国职业技术教育,2014(11):25-29.

[14]王振洪，成军. 现代学徒制：高技能人才培养新范式[J]. 中国高教研究，2012（8）：93-96.

[15]陈海峰. 现代学徒制的本质及模式多样化探讨[J]. 中国职业技术教育，2015（18）：45-48.

[16]祝木伟. 中国特色现代学徒制人才培养实施现状及改进策略[J]. 中国职业技术教育，2016（20）：16-19.

[17]董泽芳. 高校人才培养模式的概念界定与要素解析[J]. 大学教育科学，2012（3）：30-36.

[18]焦玉君，周立新. 政校行企多元联动创新现代学徒制人才培养模式[J]. 中国职业技术教育，2016（31）：60-63.

[19]唐德贵. 以职业能力培养为核心构建中职教学评价体系[J]. 成都航空职业技术学院学报，2014（S1）：57-59.

[20]阚雅玲，丁雯. 现代学徒制的实践与探索——以百果园学院为例[J]. 中国人力资源开发，2015（24）：60-67.

[21]张启富. 我国高职教育试行现代学徒制的理论与实践——以浙江工商职业技术学院"带徒工程"为例[J]. 职业技术教育，2012，33（11）：55-58.

[22]赵有生，王军，张庆玲，等. 高职院校现代学徒制的实践探索——以长春职业技术学院为例[J]. 职业技术教育，2014，35（11）：72-74.

[23]曹永浩，胡丽英，陈仲宁，等. 基于"现代学徒制"下的"企业课堂"教学创新与实践[J]. 中国职业技术教育，2015（8）：74-78.

[24]胡新建. 高职院校试行现代学徒制的实践与探索——以宁波城市职业技术学院为例[J]. 中国高教研究，2016（7）：102-105.

[25]王世安. 高职以工作室为基础的现代学徒制研究——以广州工程技术职业学院计算机仿真专业为例[J]. 职教论坛，2013（27）：14-16.

[26]李小鲁，胡冰. 现代学徒制：职业教育的实践回归[J]. 当代职业教育，2017（6）：26-29.

[27]赵志群. 职业教育的工学结合与现代学徒制[J]. 职教论坛，2009（24）：1.

[28]彭杰，黄海江. 就业导向视域下现代学徒制育人模式的构建——以金华职业技术学院为例[J]. 黑龙江高教研究，2013（4）：101-103.

[29]徐国庆. 高职教育发展现代学徒制的策略：基于现代性的分析[J]. 江苏高

教，2017（1）：79-84.

[30]朱军．现代学徒制在数控技术专业中的实践探索[J]．职业技术教育，2014（29）：16-18.

[31]戴翔东，石莹．创建高职院校工学结合教学制度的对策研究[J]．教育与职业，2010（6）：18-20.

[32]曹鑫海．"互联网＋"形势下提升高职思政课教学的实效性研究[J]．教育现代化，2017（39）：281-282.

[33]匡平，徐益，金渝琳．酒店管理专业"3＋2"工学交替人才培养模式的构建与实践[J]．教育与职业，2011（20）：113-115.

[34]张智辉，韩志孝．基于现代学徒制的"校企合作、工学结合、顶岗实习"人才培养模式研究与实践[J]．中国职业技术教育，2016（22）：52-54.

[35]张朝晖．紧扣培养目标，创新高职教育人才培养模式[J]．青岛职业技术学院学报，2007，20（z1）：88-91.

[36]成有信．教育与生产劳动相结合问题新探索[M]．长沙：湖南教育出版社，1998.

[37]路宝利．论"康奈尔计划"自由教育与实用教育的统一[J]．河北科技师范学院学报（社会科学版），2010（2）：49-52.

[38]丁新军．北美与欧洲酒店管理本科教育模式的比较分析与启示——以康奈尔大学酒店管理学院与洛桑酒店管理学院为例[J]．四川旅游学院学报，2016（5）：85-88.

[39]花菊香．酒店行业人才需求分析及对策研究[J]．东方教育，2013（12）：87.

[40]李忠军，钟启东．落实立德树人根本任务，必须抓住理想信念铸魂这个关键[N]．人民日报，2018-5-31（10）.

[41]邱伟光．课程思政的价值意蕴与生成路径[J]．思想理论教育，2017（7）：12-16.

[42]卜兆，于丽艳．高职院校专业课程实施"课程思政"的路径方法探析——以《酒店前厅管理》课程思政改革为例[J]．教育现代化，2018，5（39）：94-95，98.

[43]蔡伟．"互联网＋"时代的教育变革[N]．中国教育报，2015-4-9（4）.

[44]谢永朋，徐岩．微课支持下的高职院校翻转课堂教学模式[J]．现代教育技术，2015，25（7）：63-67.

[45]樊陈琳．现代学徒制：我国教师培训的重要途径[J]．湖南师范大学教育科学学报，2003（4）：39-41.

[46]黄汝群. 高职院校互动融合式校企合作的探索与实践——基于现代学徒制的视角[J]. 闽西职业技术学院学报, 2012, 14 (3): 15-18.

[47]关晶. 法国现代学徒制改革述评[J]. 全球教育展望, 2013, 42 (4): 104-111.

[48]李祥. 高职院校试行现代学徒制的现状及其对策研究[J]. 常州大学学报 (社会科学版), 2015 (1): 121-124.

[49]吴晶. 我国现代学徒制的研究综述[J]. 中国职业技术教育, 2016 (31): 20-24.

[50]Butler D, Charles N. Exaggerated femininity and tortured masculinity: embodying gender in the horseracing industry[J]. The Sociological Review, 2012, 60 (4): 676-695.

[51]Roy C, Lang lain. Modern apprenticeships in Scotland[J]. Journal of Education Policy, 2004, 19 (2): 163-177.

[52]Fuller A, Unwin L. What's the Point of Adult Apprentice ships[J]. Adults Learning, 2012, 23: 8-13.

[53]Haase C M, Heckhausen J, Olaf Köller. Goal Engagement During the School-Work Transition: Beneficial for All Particularly for Girls[J]. Journal of Research on Adolescence, 2008, 18 (4): 671-698.

[54]Minns C, Wallis P. Rules and reality: quantifying the practice of apprenticeship in early modern England[J]. Economic History Review, 2012, 65 (2): 556-579.

[55]Monkhouse S. Teachers: Learning in the surgical workplace: necessity not luxury[J]. The clinical teacher, 2010, 7 (3): 167-170.

[56]Oliver D. Modern Awards and Skill Development Through Apprenticeships and Traineeships[J]. Economic and Labour Relations Review, 2010 (2): 99-119.

[57]Takeda, Reiko. Literacy in a business context: literacy practices of some Bristol merchants in the sixteenth century[J]. History of Education, 2011, 40 (5): 651-671.

[58]Patrick W, Cliff W, Chris M. Leaving home and entering service: the age of apprenticeship in early modern London[J]. Continuity and Change, 2011, 25 (3): 377-404.

[59]吴吟颗，秦炳旺．论职业教育现代学徒制中的师徒关系[J]．职教论坛，
    2016（29）：5-9.

[60]肖胜阳．现代学徒制"东莞模式"[M]．北京：高等教育出版社，2016.

[61]薛胜男．现代学徒制的西方经验与中国现实[J]．教育与职业，2014（24）：
    9-11.

后记

  本文在写作过程中，得到了学校党委书记王官成、校长郭天平、副校长徐兴旺、财务与资产管理处处长匡平、人事处处长孙建冬、人事处副处长苏效圣、科研处处长李应、管理与航空服务学院院长邵云雁、财经学院院长金渝琳、航空服务与旅游管理教研室主任蒋萍、酒店管理专业教师殷普春、陈杰及甘颖等，合作酒店重庆北碚悦榕庄、重庆威灵顿酒店、重庆悦来温德姆、重庆心景酒店、重庆江北希尔顿逸林酒店、重庆华辰国际大酒店、重庆尚高酒店等，英国威尔士职教集团（NPTC）以及酒店管理专业学生等的大力支持，在此一并感谢！